汉画像

文创产品设计

兰芳——著

文化藝術出版社
Culture and Art Publishing House

图书在版编目（CIP）数据

汉画像文创产品设计 / 兰芳著. — 北京：文化艺术出版社，2021.12
ISBN 978-7-5039-7171-6

Ⅰ. ①汉… Ⅱ. ①兰… Ⅲ. ①画像石－研究－中国－汉代②文化产品－产品设计－中国 Ⅳ. ①K879.424 ②G124

中国版本图书馆CIP数据核字(2021)第251361号

汉画像文创产品设计

著　　者　兰　芳
责任编辑　董良敏
责任校对　邓　运
书籍设计　赵　矗
出版发行　文化艺术出版社
地　　址　北京市东城区东四八条52号（100700）
网　　址　www.caaph.com
电子邮箱　s@caaph.com
电　　话　（010）84057666（总编室）　84057667（办公室）
　　　　　84057696—84057699（发行部）
传　　真　（010）84057660（总编室）　84057670（办公室）
　　　　　84057690（发行部）
经　　销　新华书店
印　　刷　中煤（北京）印务有限公司
版　　次　2022年1月第1版
印　　次　2022年1月第1次印刷
开　　本　710毫米×1000毫米　1/16
印　　张　14
字　　数　160千字
书　　号　ISBN 978-7-5039-7171-6
定　　价　78.00 元

前言

两汉四百余年，奠定了中华民族统一性的基础。汉画像艺术以其直观、生动的形象，展现了汉民族形成期丰富的生活画面。汉画像艺术是我们认识中华民族文化精神的历史载体。对今天的艺术设计而言，要从民族文化的根源上寻找设计的灵感，汉画像无疑是一种宝贵的文化资源。

汉画像艺术的内容与形式丰富多样，既有刻在石头上的画像石、画像砖，又有造型精美的陶器、玉器、青铜器等。汉代画像石、画像砖、陶器、铜镜等上的许多图像主题，如宏大的乐舞场景、生动的历史故事、抽象的祥瑞纹饰、奇幻的神话世界等，都表现了汉民族的文化精神。在现代审美语境下，汉代"天人合一"的哲学思想已经转变为一种审美的意象，具有历史性的文化记忆。

科学技术的进步，尤其是电子时代的来临、图像时代的呈现以及现代艺术设计学科的飞速发展，为汉代艺术的传播构建了一个崭新的平台。用现代艺术设计的修辞法寻找汉代艺术的文化记忆，是在传统审美意象解读的基础上，将汉画像艺术进行现代符号的再设计，既符合现代人们的审美习惯，又承载着历史的新生。为推进汉代艺术审美意象的传承与传播、打响汉文化品牌、增强中华文化自信提供理论的支撑，本书将理论研究与设计实践相结合，从“理论—设计—产品”的研究路径出发，力图推动理论研究的成果转化。

设计是一种文化创造，是造物，也是叙事与表意，它承载着美育和教化的功能。设计对文化有丰富、创造和更新的作用，它可以提高美育的社会渗透力，达到美育“理想化”的发展目标。在将传统艺术置入“日常”设计的实践活动中，实现了美育通向“审美共同体”“艺术化人生”等美学泛化的发展路径。

本书通过对理论研究和设计实践的关注，展开对地域文化、物质和非物质文化遗产、媒介等问题的研究，探讨了设计介入文化传承与创新的方式与路径。

目 录

第一章

汉画像文创产品设计的发展概况

现阶段，国内外文创产品设计的实践与研究已形成相对完整的体系，如故宫博物院、大英博物馆、纽约大都会博物馆等，皆以公众需求为导向，全面挖掘文物资源、品质和创意，定期开发多种系列性的文创产品。由于中国物质文化、非物质文化、地域文化的多样性与复杂性，文创产品具有多元化发展维度与空间，因此深耕地域文化，以传承与创新为使命是汉画像文创产品的设计之本。

第一节　汉画像文创产品设计的理论依据

汉画像艺术作为传统文化符号体系的一个重要组成部分，在今天对中华文化的传承起着重要作用。神秘的文化符号借现代新媒介得以复活，继续发挥文化载体的功能，承载着历史的新生与文化的创新。目前，汉画像的研究在国内外已经取得丰硕的理论成果，为文创产品设计提供了坚实的依据。

一、传统研究

东晋末年，戴延之《西征记》里所载的画像内容，是今天所能见到的最早的有关画像的记载。北魏末年，郦道元在《水经注》中记载了一些石祠及画像的内容，但这些都是作为地理标志写到著作里的。北宋中期以后，随着金石学的兴起，许多金石学家开始有目的地收集和著录汉画像。著名的金石学家赵明诚积累了大量金石铭刻拓片资料，著有《金石录》一书。但该书记载画像的内容过于简略，欣赏性更大。南宋洪适的《隶释》及续篇《隶续》可以称为真正意义上的汉画像著述，它比《金石录》增加了对画像内容的描述和考证。清代以后，尤其是1787年，黄易重新发现武氏祠，在学术界激起了著录和研究汉画像的热潮。黄易在挖掘这些被埋没的石刻时，按出土时的位置在各块石头上编了号，出土后重新组装，基本恢复了原状。这对汉画像研究来说，无疑是往前大大进了一步。

民国时期，汉画像研究进入一个发展期，国内的艺术史学者将汉画像艺术作为工艺美术史的一部分进行研究。雷圭元在《新图案学》[1]中分析了汉代铜器纹饰、武梁祠石刻与四川石刻。庞薰琹在《中国历代装饰画研究》[2]中将汉代纹饰分为出行、瑞兽、仙界、人物故事等内容。他总结汉代的装饰画风格为“朴”和“厚”。这一时期的学者已经注意到汉代艺术的重要价值。

二、现代研究

在现代学术发展中，汉画像研究取得了丰硕的成果，20世纪以来出版研究汉画像的专著50多部，发表论文几百篇，如瞿中溶的《汉武梁祠画像考》、常任侠的《汉代绘画选集》、顾森的《中国汉画图典》、信立祥的《汉代画像石综合研究》等。在研究视角中，对现代汉画像的研究主要分为金石学研究、考古学研究、文化学研究与艺术学研究。[3]其中，金石学研究是最早的研究方法，考古学的研究重实证的考据。随着考古水平的不断提高，汉画像的研究也逐渐得到完善，考古学对汉画像的著录、收藏和图像的出版提供了实证资料，为汉画像文化学研究和艺术学研究奠定了基础。

20世纪80年代，在“美术考古”的视域下，汉画像的研究转向多维度的发展空间。孙机在《汉代物质文化资料图说》一书中，对不同器物及纹饰进行定名并阐释它们的文化内涵。在《几种汉代的图案纹饰》[4]一文中，孙机探讨了云虡纹、五灵纹等的文化内涵。缪哲的博士学位论文《汉代艺术中外来母题举例——以画像石为中心》[5]，从图式题材和艺术形式的视角探讨了汉代石刻画像中的外来因素和影响。郑岩的著作《逝者的面具：汉唐墓葬艺术研究》[6]，从墓葬空间出发展开对汉画像的研究，也提供了一种启发性的视角。美国学者巫鸿在20世纪后期陆续出版了以《武梁祠：中国古代画像艺术的思想性》[7]为代表的一系列著作，开拓了汉代艺术研究的新视角。英国学者杰西卡·罗森在《莲与龙：中国纹饰》[8]中，以“他者”的视角研究了汉代莲纹、动物纹与西亚、中亚纹饰之间的关系。哈佛大学曾蓝莹的著作《早期中国的天堂图像》[9]，探讨了"天"的图像母题，以及壁画、画像石、画像砖、铜镜上"天"图像的谱系。日本学者林巳奈夫的《神与兽的纹样学——中国古代诸神》[10]一书，从历时性的角度研究中国古代神兽的纹样，其中包括汉代的神兽纹饰。曾布川宽在《汉代画像石的升仙图谱系》[11]一文中，对汉代升仙内容图像的发生、发展与传承做了系统的研究。中野澈的《中国纹样史》[12]，对汉代的饕餮纹、兽纹等的图像特征进行了阐释。

三、发展空间

相比理论成果的研究，对汉画像文创产品设计发展的研究相对薄弱。汉画像艺术具有较强的地域性特征，在汉画像比较集中的区域，如江苏徐州、山东南部、河南南阳等地的博物馆、汉画像艺术馆，尚未形成系统化的文创产业链，产品的开发相对滞后，汉画像文创产品设计的发展尚属起步阶段。

汉画像艺术作为传统文化符号体系的一部分，对中华文化的传承起着重要作用。如何使极具民族精神根源的传统艺术发挥其文化功能，是一个时代的课题。汉代物质文化遗存及其艺术特征非常鲜明，一些具有观念化、象征性风格的典型图像或器物对后代的艺术风格影响深远。与先秦相比，汉代人对天与地的思考进入了一个新阶段，由先秦时期的抽象图形（八卦）与自然图腾（动植物图腾），发展到对主体性问题的思考。但汉代艺术中对人的思考还不是完全意义上的"主体性"，它夹杂着神性、人性与物性相依赖的混合特征，是一种诗性的设计。汉画像视觉符号的内在规定性强化了长期以来所封存的文化记忆及历史符号的意义，因此，汉画像文创产品应该寻找具有"诗意栖居"[13]理想范式的新方向。

文创产品是沟通古今审美、意蕴、哲学思想的桥梁，是开启传统与现代生活理念的一把钥匙。在现代社会的文化语境中如何“回归”传统，也是中国文创发展的重要主题。文创依赖于人的知识劳动，经由结构、技术、材料、工艺等创意转化，通过知识产权的开发和应用，创造出有形的高附加值产品以及无形的服务方式。近年，文创设计的发展处于上升态势。2017年2月，《国家文物事业发展“十三五”规划》提出打造一批具有示范带动作用的文创产品开发项目和优秀企业，这为汉画像文创产业的开发提供了一个良好的发展空间。

第二节 汉画像文创产品设计的实践依据

汉画像艺术馆、博物馆和高校研究机构多偏重对文创产品的资源开发，对产品设计实践的方法论研究较少。汉画像资源的开发与文创产品的设计是相互依存的关系，设计实践的发展也是对历史物质遗存的推广与传播。

一、发展状况

随着社会经济的发展和人们艺术欣赏水平的普遍提升，公众对文创产品的需求也在日益增长。国内外大型博物馆推出的文创产品，受到社会公众的喜爱和关注。故宫博物院运用线上线下多平台结合的运营模式，开发数字化文创产品，推动了文创产业的发展。伦敦大英博物馆根据各种节日推出相应的衍生商品，重视设计感，关注不同层次的消费群。大英博物馆的衍生品种类从昂贵的珠宝到普通的记事本、日历、马克杯及杯垫等，几乎遍及人们生活的方方面面；同时博物馆商店充分利用网络平台进行销售。美国大都会博物馆从"全球性" 角度出发，以品牌化为文创产品的开发策略，以文物衍生品为主线，引进全球范围内的优选商品，将博物馆商店打造成引领消费的新场所。国内外的文创产品设计不仅是对传统造物的延伸，更具有文化传播的功能。

汉代物质文化遗存，如汉画像石、玉器、陶器与青铜器等，是特殊历史时期的典型器物，其造型、纹饰的互动性与统一性，以及观念的象征性，承载的文化内涵具有一定的代表性。现代文创产品设计从汉画像艺术符号构成的审美意象出发，将汉民族的物质文化遗存进行现代性的转化，让博物馆、艺术馆中的文物“活起来”，走向大众。目前，一些汉画像艺术馆、博物馆已经开始设立汉画像文创的线上线下销售平台，成立汉画像文创产品研发中心，但比起故宫博物院、台北故宫博物院、苏州博物馆等综合类文物机构，其规模和影响均较小。近年，对汉画像文创产品设计的研究虽有逐年增长的态势，研究成果如硕士学位论文《南阳汉画馆文化创新产品开发设计》[14]、《基于地域文化的创意产品设计研究——以徐州为例》[15]、《陕西绥德汉画像石馆的文创产品设计研究》[16]，专题论文如《专题博物馆文创产品的开发与建议——以徐州汉画像石艺术馆为例》[17]、《徐州汉画像石艺术馆文创》[18]等，但从整体上看，汉画像文创产品设计的发展仍处于起步状态，探究其存在问题与发展空间，是探索汉画像文创产品研发工作创新模式与创新途径的基础。

二、存在问题

与传统工业产品相比，文创产品设计源自创意或文化积累[19]，它具有一定的深度和广度，以“传统＋创新”为思路，依托固有的文化情怀吸引消费者。在“文化”“创意”“产品”三者之中，最重要的是文化层面的内涵。当下的汉画像文创产品，在设计上缺乏深层的文化性，设计师只是将一些传统工艺品的图形直接转印在一些产品上。策划者和设计师对图形的文化内涵、局部图案与整体图案的关联、相关民俗和信仰等方面都缺少深入剖析，这直接导致了汉画像文创产品设计的同质化。

“同质化”指不同文化、不同地域、不同品牌产品的内在本质特征逐渐趋同的现象，其差异很小，用途、价值和性能极其相似，产品缺乏创意、类型较少。在现代的文创产品设计中，有一些取其造型图形，有一些取其文化内涵，有一些取其手工工艺。设计师在进行文创产品的设计时，脱离了一些传统的材质和工艺，更加易于批量生产，但同时也易于为他人模仿。知识产权保护存在较多不足之处，较为简单的造型常常缺少难以逾越的技术壁垒。

文化性的缺失、审美的缺失、同质化问题、创新性的缺失、产品类型单一，这些是汉画像文创产品设计面临的首要问题。另外，保护和促进文创产品设计的良性发展，还需要合理的平台渠道。在一个良好的产业平台中，文创的表达才能最大限度地发挥其“文化生态”的优势。

三、发展空间

对汉画像文创产品设计的研究，除了创意产品自身内在的逻辑、功能的履行、物的效用等，还应赋予物以更多的文化特质。它首先具有使用价值，是功能、创意、文化和体验价值的结合；其次具有市场价值，包括消费者感知与文化符号价值；再次具有非市场价值，应反映创意产品固有的特征，是具有公共属性的长期价值，如科技创新、美学艺术、教育价值等。

文化消费是当代消费观念的重要特征，汉画像文创产品的设计将传统特色文化发展为系列化、品牌化的产品。具有地域特色的文化产业是当代消费社会视域下的新兴产业，它将面临一种新的文化设计的转型。鉴于消费社会中物品的符号化特征与表现，弄清物品符号体系与价值的衍生、转换显得尤为重要。正如唐·E. 舒尔茨所言:“品牌不仅仅是一个名称或是一个符号、一个图形，它是消费者创造的一种公共关系。”[20]随着人们对产品价值、文化和个性多样化、深度化消费需求的提高，消费者需要从物品中感受产品的文化内涵或服务价值，体验该物品带来的心理上的价值。

开发汉画像文创产品应调研市场发展方向、消费者的需求，制定符合文创产品发展的营销策略，进而拓展多元化的开发与经营方式。挖掘汉画像艺术的文化意蕴，结合文创产业发展塑造个性化品牌 IP 形象，借助新媒体与移动终端的结合，打造线上交互式文创产品开发平台，拓宽文创产品的种类与技术，提升品牌影响力。通过多元化、“互联网 +” 等自主发展趋势，构建可持续发展的平台。

第三节　汉画像文创产品的设计路径

汉画像文创产品既具有工业产品的一般特性，又有汉画像特殊的文化情境，设计的首要任务是对其文化意蕴进行开发，通过符号探源与对材料、尺度、色彩的设计，完善文创产品的设计路径。

一、符号探源

传统的文化遗存从生活空间走向博物馆空间，物态失去原本的生存环境，物的使用价值转换成历史价值。从“用物”到“读物”的变迁，使物的符号性进入了文化的视野。《物质文化读本》中提道：“既然是文化行为所改变所创造的物质形态，物质就有了近似于文字、象征、叙事乃至历史的性质。从巴尔特到鲍德里亚，物质本身都有某种符号性乃至语言特点。”[21]读物的阶段从某种意义上说是还原文化遗产历史情境的过程。而创物不同于现代意义上的设计，它是在还原设计情境的基础上，把握物质文化体系的发展脉络。从用物到读物再至创物，物的使用价值向审美价值转换，对视觉符号的探源即属于创物阶段。

对汉画像文化意涵的把握是重点也是难点问题。“物化”的文创产品设计并不是简单的符号还原，它是在掌握大量物质文化意蕴的基础上，将各种物质文化形态进行物化研发和衍生品设计。如汉画像表现的吉祥内容是中国文化追求的一种普遍观念，通过对汉画像祥瑞符号的挖掘，有利于我们理解中国设计背后所表达的民俗信仰。通过现代视觉元素的设计使文创产品具有更多的“符号”价值，突出产品的文化内涵。

二、视觉符号的转换

视觉符号的转换常用的方法有元素提取、功能融合、意境传达、情境复原等。具体的设计路径如下。

（1）明确设计主题。通常包括具有较高文化价值和知名度的“文物”，要考虑开发的难度和设计团队的开发能力，寻找最合适的设计原型，并结合原型的特征，选择市场认同度高、销量好、容易开发的文创产品。

（2）确定消费及研发产品的种类和数量。根据目标市场、消费人群、主要营销渠道，确定文创产品制作的种类和数量，首次生产数量不宜过多，需要经过市场反馈后，再决定是否扩大生产。

（3）确定设计原则和方法。文创产品设计和一般创意产品的不同之处在于，设计师应思考从文物元素到视觉符号的转化如何顺利实现。应考虑是否能将文物的特殊造型、特色纹饰和特有意蕴巧妙融合于产品设计，并将文物信息准确传达给消费者。在这一阶段，设计师除了要充分运用联想思维、发散思维、创造思维等多种设计思维方式，还要研读原型文物资料，确保准确提取文物最有价值和最具特色的信息，将它们融合于产品设计之中。

三、平台的创新

将汉画像文化产业“网络化”，构建一站式公共文化服务平台。

文化资源可以基于最具汉画像代表性的公共文化场所，如汉文化博物馆、汉画像石艺术馆等，将这些文化场馆与以汉文化为主题的互联网平台有效链接，实现互联网与传统产业进行技术、政策等各方面的对接，全面提升城市公共文化服务的效能。

搭建一种交互体验式的平台，如设置一些历史文化情境再现的虚拟平台、设计文化产品虚拟仿真制作平台等，促进消费者对文化、产品的感知度与认知度。

用“互联网＋文化品牌＋公共文化服务”的创新理念，使文化与消费相结合。在实体产品之外，文创产品的另一种表现形式是新媒体和数字化产品。为了使更多消费者了解汉文化，设计师要不断研发优秀的数字文创产品。以汉文化公共资源数据库为基础，综合运用移动互联网、云计算、大数据、虚拟现实等现代信息技术，集公共文化管理及服务于一体，向用户群体提供全面的、一站式的公共文化服务网络平台。通过这些举措，让更多社会文化组织、普通群众参与汉文化交流，在不同的时间节点上对自由创意成果进行评估筛选，为优秀创意者提供资金、工艺呈现、销售渠道等支持，更快更好地将创意转化为看得见、摸得着的文化产品。

小　结

文创产品设计在全国文化产业快速、高效发展的大背景下，呈现出良好的发展态势。但作为地域文化的汉画像艺术，其文化内涵的解读与文创产品设计仍处于不平衡的发展状态。目前，对汉画像文创产品的基础性问题研究相对薄弱，产业实践的状况与研究相对滞后。汉画像文创产品设计同质化现象严重，文化元素提取流于表象，创新性不足，后续市场反馈和评价机制尚未形成。因此，打通从文物内涵解读、素材提取与转化、重构和改造，到投入生产应用并服务大众生活的文创产业链是当前汉画像文创产品设计亟须解决的问题。

注释

1 雷圭元:《新图案学》,商务印书馆1947年版,第68页。

2 庞薰琹:《中国历代装饰画研究》,上海人民美术出版社1982年版,第35页。

3 参见朱存明《汉画像之美》,商务印书馆2011年版,第3—6页。

4 孙机:《几种汉代的图案纹饰》,《文物》1982年第3期。

5 缪哲:《汉代艺术中外来母题举例——以画像石为中心》,博士学位论文,南京师范大学,2007年。

6 郑岩:《逝者的面具:汉唐墓葬艺术研究》,北京大学出版社2013年版,第307页。

7 [美]巫鸿:《武梁祠:中国古代画像艺术的思想性》,柳扬、岑河译,生活·读书·新知三联书店2006年版,第11页。

8 [英]杰西卡·罗森:《莲与龙:中国纹饰》,张平译,上海书画出版社2019年版,第63页。

9 Lillian Lan-ying Tseng, *Picturing Heaven in Early China*, Harvard University Asia Center, 2011, p.56.

10 [日]林巳奈夫:《神与兽的纹样学——中国古代诸神》,常耀华、王平、刘晓燕等译,生活·读书·新知三联书店2016年版,第192页。

11 [日]曾布川宽:《汉代画像石的升仙图谱系》,《东方学报》(京都版)1993年第65册。

12 [日]中野澈:《中国纹样史》,张远帆译,平凡社1988年版。

13 海德格尔语,引自孙周兴选编《海德格尔选集》,上海三联书店1996年版,第466页。

14 王樱潼:《南阳汉画馆文化创新产品开发设计》,硕士学位论文,南昌大学,2020年。

15 杨庭玉:《基于地域文化的创意产品设计研究——以徐州为例》,硕士学位论文,中国矿业大学,2020年。

16 封琳:《陕西绥德汉画像石馆的文创产品设计研究》,硕士学位论文,西安理工大学,2019年。

17 周璐璐:《专题博物馆文创产品的开发与建议——以徐州汉画像石艺术馆为例》,《大观》2020年第2期。

18 杨蒙等:《徐州汉画像石艺术馆文创》,《苏州工艺美术职业技术学院学报》2017年第2期。

19 台湾地区在2002年首次提出"文化创意产业"概念:"透过智慧财产的形式与运用,具有创造财富与就业机会潜力,并促进整体生活提升之行业。"

20 Don E.Schultz, *Strategie Brand Communieation Campaigns*, Business Book,1995,p.35.

21 孟悦、罗钢主编:《物质文化读本》,北京大学出版社2008年版,第3页。

第二章

汉画像艺术概要

汉画像艺术是我国源远流长的艺术长河中重要的一个发展阶段。新石器时代的彩陶纹，商代盛行的阴线刻甲骨文字，春秋以来的壁画，战国青铜器上的图像，玉器上的纹饰等，都从艺术内容、技法和风格方面，为汉代艺术的产生奠定了基础。唐代张彦远《历代名画记》中说："图画之妙，爰自秦汉，可得而记。"[1]郑午昌《中国画学全史》对此进一步说明："中国明确之画史，实始于汉。盖汉以前之历史，尚不免有一部分之传疑；入汉而关于图画之记录，翔实可靠者较多云。"[2]

两汉是以皇权为中心的封建大一统王朝的初建和发展期，无论经济、政治还是文化，都建立在这个基础上。在汉代，一方面，求实精神是当时自然科学的哲学和方法论的概括，冶铁、丝织、造纸、医学……自然科学达到较高发展水平；另一方面，思辨哲学也得到很快的发展，八卦、阴阳五行等系统的宇宙框架和哲学体系，都在这一时期完成。

第一节　文化背景

在中华文化的发展分期上，秦汉是一个重要的分水岭。秦汉是佛教尚未传入或开始传入，还未对华夏文化产生重大影响的时期，展现出华夏文化的一种原生状态。秦汉也是一个文化大融合的时代。秦汉文化的博大与辉煌，建立在对各种文化的包容、吸收与融合上。因此，形成了鲜明的特色：以强盛的大帝国为背景的大一统美术、以儒家思想为背景的礼教美术和以人生享乐为背景的神仙美术。[3]

一、大一统美术

秦汉的政治结构是不断完善的中央集权的大一统制度，是以皇帝为决策中心，以三公九卿、内外朝和郡县为管理机制的结构。它摆脱了商周以来巫与天的影响，摆脱了国家以血缘维系的宗法体制，为社会成员敞开了仕宦之门。政治高度集权的直接结果，是克服了商周社会邦国林立、政出多门的割据状态；全国以京城为中心，地方以郡县为中心。这使文化交流更为快捷，反映到美术上，首先就是一种追求、一种样式风靡天下。葛兆光指出："大凡当知识、思想与信仰遭遇到一个全面合理化和系统化的总结之后，都可能会出现一个'定于一'的时代，所有知识、思想和信仰都无以逃遁'一'的笼罩。"[4]绘画亦是如此，从汉初文帝于未央宫承明殿画屈轶草、进善旌、诽谤木、敢谏鼓、獬豸，到武帝画周公辅成王图，宣帝麒麟阁画功臣……都将绘画用以辅政和宣示皇恩。

汉代宫廷以绘画作为"表功颂德"的手段。《汉书》曰："甘露三年，单于始入朝，上思股肱之美，乃图画其人于麒麟阁，法其形貌，署其官爵姓名。”[5]建筑上的壁画是用来表彰抗击匈奴有功的大臣。《历代名画记》曰：“是知存乎鉴戒者，图画也。”[6]汉代绘画，或为统治者歌功颂德，或鼓励臣子效忠于君主。

汉代已出现不同阶层的画家。一是尚方画工，即宫廷的画家；二是民间画工，于各州县的厅堂、墓室及其他场所作画；三是文人画家。文人画家为数不多，但已有影响，见于史书的有张衡、蔡邕等。

二、儒家礼教美术

汉代儒家礼教美术首先是对个人扬名显身的称颂，表现仕宦经历的画像非常流行。其次表达了“成教化，助人伦”的观念，《历代名画记》载：“夫画者，成教化，助人伦，穷神变，测幽微，与六籍同功，四时并运，发于天然，非由述作。”[7]带有礼教功能的历史故事是汉画像中常出现的题材。此外，董仲舒构建的“阴阳五行”与“天人感应”的模式动摇了天在宇宙中的权威地位，凸显了阴阳、五行在宇宙中的作用。

古人认为阴阳是充塞一切空间、弥漫于宇宙中的两种元气，万事万物均由阴阳二气交感和运动生成。五行是构成宇宙的五种本源。五行系统建立了一个可以将天和人直接关联起来的、无所不包的宇宙观，以此促生了一个新的政治秩序的概念，也促成了政治力量和神性权威结合方式的变革。汉代阴阳五行说与图谶相结合，表现在各种造型艺术中，多以祥瑞图像作装饰，如汉代艺术中常见的四方之神青龙、白虎、朱雀、玄武等，本身就是按阴阳五行来命名的[8]，也有辟邪、瑞兆的作用。

三、神仙美术

汉代神仙思想流行，新出的神、仙形象与传统的自然神等，构成了绘画中的诸神系列。秦始皇登上“皇”“帝”合一的极尊之位后，向往长生不死，“遂有徐市率童男童女数千人入海求仙，和卢生奏‘辟恶鬼’，待真人携灵药的两件大事”[9]。汉初崇尚黄老，方士们纷纷向天子传授不死之术，仅汉武帝所宠信的著名方士就有少翁、李少君、公孙卿等人。汉武帝听了公孙卿关于黄帝铸鼎、乘龙飞天的一番“仙话”后，既采“封禅”之议，又亲临渤海而祀“神山”蓬莱，且派出数千人求仙。由于神仙思想的影响，汉画中开始出现了新的神，如西王母。《山海经》称其“状如人，豹尾虎齿而善啸，蓬发戴胜”[10]。但在《穆天子传》中，则有周穆王好神仙，“觞西王母于瑶池之上”[11]一说。到《汉武帝内传》，西王母则成了仙姬随侍、容貌绝世、赐蟠桃予武帝的女神。由于西王母能使人长生，所以汉人热衷于描画其形。除见于壁画墓外，石刻、汉镜、漆盘上皆有其形象。东王公常与西王母并见于汉画中，“长一丈，头发皓白，人形鸟面而虎尾”[12]，又据汉初童谣“着青裙，入天门，揖金母，拜木公”的流传，东王公与西王母并为得道升天者的朝拜之神。

在长期农业生产中形成的自然、气象之神，经发展、改造之后，在汉画中表现为雨师、风伯、雷公、虹霓等。此外，《山海经》中的神，也出现在画像中。著名的长沙马王堆1号汉墓出土的漆棺，在云气缭绕之中，绘有各种仙人形象，有操蛇、骑鹿、鼓瑟、乐舞等，另有麒麟、神豹及神羊牵鹤等各类神物。

第二节　汉画像艺术的分类

汉画像也称“汉画”，包括汉画像石、画像砖、壁画、帛画、漆画、玉饰、铜镜纹饰等图像资料。这些“画像”根据不同的物质材料进行划分。“画像”本义指拓片上的图像，即平面上的画，并不是原石、砖等上的雕刻。[13]

一、汉画像石、砖

画像石是在棺椁、墓壁和祠堂表面镌刻的（图2-1），而画像砖则是印模、压模及窑烧而成的。（图2-2）实际上，把画像石、画像砖说成是汉画像是不确切的，因为有些汉画像石是浮雕或半浮雕的，与其说是“画像”，不如说是“雕刻”，但传统上汉画像石、画像砖的流行和鉴赏主要靠拓片，故约定俗成地称其为“画像”。由于汉帛画、漆画等不好保存，经千余年的时间，保存下来的极少。画像石、画像砖保存和流传下来的却很多，所以汉画像的研究以汉画像石和画像砖的图像为主。

画像石、画像砖的材料来源，主要以各地出土的墓葬为主，其本质意义是一种祭祀性的丧葬艺术。从西汉晚期到东汉晚期，在汉画像流行的200多年的时间里，其发展速度之快、数量之多、内容题材之丰富以及突出的艺术特色，无疑是汉代艺术的精华。汉画像艺术为研究汉代历史及中国美术史提供了宝贵的资料，尤其是汉画像石，分布区域广，发现数量大，已经成为学术界研究的热点。

图2-1（上）

江苏徐州汉画像石艺术馆藏车马出行汉画像石

图2-2（下）

四川广汉出土汉代市楼画像砖

二、汉代帛画、壁画与漆画

帛画是绘于绢帛上的绘画，帛画的流行与古代天人观念相关。墓葬中保存下来的帛画，是了解其时代的宗教信仰、巫术礼仪、思想文化、丧葬习俗等的重要依据。汉代以后由于葬俗的改变，人们不再制作、随葬此类帛画，以寓教为主的历史和现实生活类绘画逐渐发展起来。

汉代帛画一般都作单幅，主要置于椁下或棺上，大都以丝帛为载体，以毛笔作画，以线描表现，并以墨色作为绘画的基本色调。绘画形制上已形成上裹横杆的挂轴型定式。帛画的主题内容，既有表现超自然的亡灵神异，又有表现现实社会的题材，是中国早期绘画艺术的典型代表。马王堆1号汉墓“T”形帛画是一幅长约200厘米的绘画作品。[14]（图2-3）画幅上宽下窄，分为上下两部分，上下分别绘制墓主人和祭祀图，画面底部双龙尾处绘海神、双鲛等内容，表示地府，由此构成一个“天、地、人”的有机整体。

壁画艺术有悠久的传统，春秋时代的墨翟就谈到殷商时“宫墙文画”。周代祭祀与会见诸侯的明堂有大型壁画，壁画当时是建筑的重要组成部分。近年先后在秦咸阳宫殿遗址发现壁画残片，这些壁画有台榭建筑、人物车骑，也有图案纹饰，说明这些宣扬统一功绩的建筑中曾制作了大量壁画。[15]《鲁灵光殿赋》曰:“图画天地，品类群生，杂物奇怪，山神海灵。写载其状，托之丹青。千变万化，事各缪形。随色象类，曲得其情。”[16]可见汉代建筑壁画的壮观。汉代墓室建筑模仿现实中的建筑，墓室壁画保持相对完好。研究汉墓壁画的图像、风格及其发展、变化的脉络，对于了解汉代绘画的技巧与表现形式都具有重要的价值。汉代墓室中的装饰壁画，兴起于西汉早期，流行于东汉，延续到汉魏之际，经历了近400年的发展，形成了一套系统和完整的墓葬图式体系。

图2-3　湖南长沙马王堆1号汉墓出土“T”形帛画

图2-4(上)

陕西西安交通大学西汉墓壁画

图2-5(下)

河南密县打虎亭二号墓中室东段北壁上壁画

汉代墓室壁画的内容题材与汉画像石墓相似，有表现天上世界的日月、四神、伏羲女娲等图像。如1987年在陕西西安交通大学西汉墓中发现的大型天象壁画(图2-4)，绘有二十八宿星辰及青龙、白虎、朱雀、玄武四神图像。彩云间绘有姿态各异的仙鹤，祥云线条流畅，运笔自如。二十八宿加绘形象生动的人物、动物来说明各宿的名称，使人一目了然。汉代墓室壁画也有表现圣贤、孝子、列女等历史故事以及现实生活的。如河南密县打虎亭二号墓中室东段北壁上的宴乐壁画，表现了宾客宴饮，与主人一同观赏乐舞百戏的画面。壁画色彩艳丽、刻画精细。画面上下各铺一条棕黑色长席，客人们或朱衣或黑衣或白衣，相间排列，身前置食器。(图2-5)

汉代漆器的绘制工艺，可分为线描、平涂、锥刻、沥粉和镶嵌等几种。线描、平涂是其中最基本和常用的手法。锥刻是在尚未干透的漆膜上，用针或锥加以镌刻。锥刻出来的花纹，往往细如游丝，精巧纤丽。沥粉是用漆枪挤出的白色凸起线条作为勾边，然后用红、绿、黄色勾填花纹，色彩斑斓。漆器的色彩一般多用黑色为底，以红色和灰绿、赭色作画，画地乌黑发亮，红色花纹艳丽、醒目，红黑二色对比强烈。纹饰主要有几何纹饰，龙凤、云气等祥瑞。

由于漆器的制作不是采用模印的方法，那

图2-6 湖南长沙马王堆1号汉墓黑地彩绘漆棺左侧壁板画像

种规整拘谨的纹样，并不适用于漆器装饰。以线为主要骨法的纹样组合是漆工们熟练掌握毛笔来进行描绘的一套新技法，如长沙马王堆1号汉墓出土的黑地彩绘棺(图2-6)，其云气纹的线条自由奔放，显示出气势磅礴和回旋流动的运动感。

三、汉代玉器、铜镜及其他

从现有的考古资料看，汉代玉器大都出自主棺或陪葬棺中墓主或殉人的身上，它们是主人生前的饰物，以玉佩为主。(图2-7)玉佩在汉代十分流行，不仅有充满时代感的独佩，还有被赋予战国遗风的形神兼备的组佩。汉代玉器的佩戴已形成制度。《礼记》载："天子佩白玉而玄组绶，公侯佩山玄玉而朱组绶，大夫佩水苍玉而纯组绶，世子佩瑜玉而綦组绶……"[17]仅帝王冕服上的冕旒所饰之玉就有许多讲究。天子的冕旒用十二玉，皆为五彩玉，即朱、白、苍、黄、玄。

铜镜是汉代人们日常生活中的重要的器物。西汉早期，流行着战国镜，且多为"楚式镜"风格。西汉中晚期，铭文镜出现。新莽时期，铜镜风格大变，仙人、灵兽等神兽镜大量出现。东汉早期，官

图2-7（上）

江苏徐州博物馆藏玉龙

图2-8（下）

“尚方御镜”铭瑞兽博局纹镜

方的“尚方”镜开始出现（图2-8），同时民间也出现了私人作坊制造的“姓氏”镜。东汉中晚期，经济开始逐渐衰败，官方铸镜减少，民间铸镜开始增多，“姓氏”镜流行，至东汉末年各种“神兽”镜又开始流行。

汉代陶塑的题材从军事逐渐转化为现实生活，比较典型的是千姿百态的侍者俑，逸趣横生的百戏杂耍俑等。汉代陶俑造型极富生活气息（图2-9），尤其是女侍俑，造型有站有跪，或持物或抚琴，形态婀娜，动作端庄，面容沉静，庄严且富有写实性。

汉代在人物形象的处理上趋于理想化，以简约朴拙的语言和写意夸张的手法将世俗社会中的生命精神表现出来。说唱俑是一种典型的陶俑，如1957年四川成都出土的彩绘陶击鼓说唱俑（图2-10），身材矮胖，表情生动活泼，幽默风趣，是一件颇具神韵又富于民间气息的艺术佳作。

博山炉是汉代熏炉的一种，它的造型与图像表现了汉代人对“仙山”的向往。目前所发现的汉代博山炉有100多件，是研究汉代造物艺术的第一手实物资料。西汉满城中山靖王刘胜墓出土的错金铜博山炉（图2-11），制作精美，装饰华丽，是典型的皇室贵族的实用器物。东汉末期，青铜博山炉逐渐被陶质博山炉代替，其形制、装饰远不及青铜博山炉。魏晋南北朝，随着佛教的盛行，青瓷博山炉上的莲瓣形代替了汉代博山炉的山峦形，博山炉的发展逐渐衰落。

图2-9 江苏徐州博物馆藏汉代乐舞俑

图2-10 四川成都出土彩绘陶击鼓说唱俑

图2-11 河北满城汉墓出土错金铜博山炉及局部线描

第三节　汉画像艺术题材

汉画像的内容、题材极其丰富，几乎涉及当时社会生活的各个领域，主要包括天上世界、神话传说、社会生活与历史故事。这些内容题材的分类与汉代人的宇宙观念密不可分。

一、天象、祥瑞

中国人将天、地并称，人居其中，即所谓天、地、人“三才”。天地虽然并称，可是在古人的心目中，“天”是至尊的，是决定一切的。从远古时期中国人就开始观察天象，并且从未停止过。在汉代画像中，表现天象图的内容很多，从日月星辰到具体的星座。它不仅表现天文学的内容，更主要的是表现人文的内容，汉画像中的天象与当时的神话传说、民俗信仰息息相关。

汉代人心中的太阳与神话思维是分不开的。如伏羲日轮、阳乌载日、日中三足乌等。

伏羲日轮。伏羲在画像石中出现的形式是人首蛇身，或人首龙身，手擎日轮。如山东滕州龙阳店黄家岭出土的“伏羲举日”画像石。(图2-12)伏羲是三皇之首，被崇奉为华夏民族始祖。《周易·系辞传下》云：“古者包牺氏之王天下也，仰则观象于天，俯则观法于地。”[18]可见伏羲在创造文化时，是从观象于天开始的，而天象中，最著名的就是日月。

阳乌载日。古人认为，鸟可以在天上飞行，太阳也在天上行走，因此太阳像鸟一样飞，太阳就是阳乌。《山海经·大荒东经》曰：“有

图2-12

山东滕州龙阳店黄家岭出土
“伏羲举日”画像石

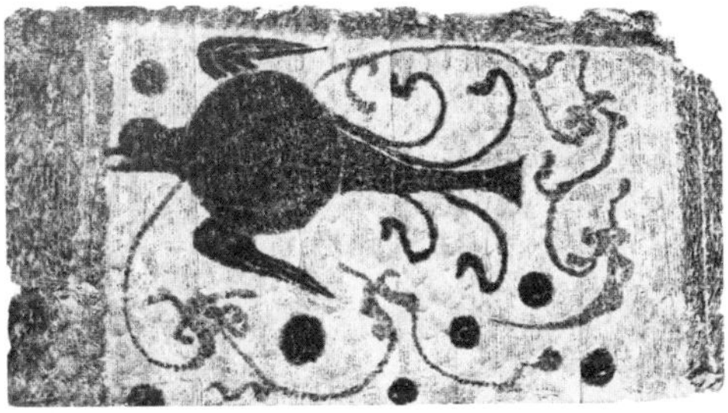

图2-13(上)

河南南阳英庄汉墓出土“阳乌载日”画像

图2-14(下)

山东滕州博物馆藏“日月同辉”画像

谷曰温源谷。汤谷上有扶木。一日方至，一日方出，皆载于乌。”[19]从古人的宇宙生成论看，宇宙中的阴阳两气相交，阳气凝聚成太阳。乌是太阳之精，是灵魂的象征。河南南阳英庄汉墓出土一幅“阳乌载日”画像，画中乌的圆腹即为太阳。[20]（图2-13）

在汉画像石中，月亮经常与太阳同时出现，是天象图式中两个最具象征性的图像。山东滕州官桥镇大康留出土有“日月同辉”画像，画像上部是月轮，月内有蟾蜍、玉兔。画像下部一金乌负日轮，日内刻三足乌、天狗。（图2-14）月亮的图式中，蟾蜍、玉兔这两个动物符号较为常见，这反映了汉代月神的传说。

汉代流行祖先崇拜和泛神崇拜，如天帝、日神、月神、雷公、风师、雨伯、河伯以及各种天文图像等。南阳王庄汉墓出土有“河伯出行”画像，画中四鱼牵引一车，车上竖华盖，乘坐两人，前为驭者，后为河伯。（图2-15）

“祥瑞”也是汉画像中较为常见的题材。人们为祈求祥和喜庆，通过各种珍禽异兽和奇花异草，表现美好的吉祥寓意。动物如青龙、白虎、朱雀、玄武、翼兽、麒麟、凤凰、三足乌、九头鸟、比翼鸟等，植物如灵芝、木连理、嘉禾等。如徐州汉画像石艺术馆藏“比翼鸟·连理枝”画像。（图2-16）

图2-15(上)

河南南阳汉画馆藏“河伯出行”画像

图2-16(下)

江苏徐州汉画像石艺术馆藏“比翼鸟·连理枝”画像

二、神话传说

汉代人对生命的延续极为重视，他们相信，人死后可以升入天上世界。葛洪说："按《仙经》云，上士举形升虚，谓之天仙。中士游于名山，谓之地仙。下士先死后蜕，谓之尸解仙。"[21]升天成仙是死而复生，是生命的一种升华。人喜生而厌死，但死亡仍然要来临。为了摆脱对死亡的恐惧，汉代人幻想出一种不死的信仰，就是升仙。汉代的神仙体系是由西方昆仑和东方蓬莱两大神仙系统融合而成。汉代所谓"四神"，守东天区之神为青龙，守西天区之神为白虎。汉代吉语有"青龙白虎辟不祥，朱雀玄武顺阴阳"，龙虎一体也就是东西一体。这一图式实际暗含了东西两大神仙体系的统一，西王母即为这种大一统神仙体系的主神。神仙世界的大一统，是秦汉社会政治大一统在神界的一种影响。

伏羲、女娲本为中国古代神话中的两位大神，又是古代传说中三皇中的两位(另一位是神农)。他们有着化生万物、经天纬地的功绩。在汉画中伏羲、女娲与西王母组合时，仅是一种从属的身份。这说明在汉代人的观念中，作为神灵的伏羲、女娲有了新的内涵和功能，多为阴阳和谐的象征。与西王母组合的伏羲、女娲多分置西王母两旁，伏羲双手捧日或一手举日一手持规，女娲则是双手捧月或一手举月一手持矩。山东枣庄山亭大郭村出土有西王母画像，伏羲女娲手执便面位于西王母两旁，呈交尾状。(图2-17)

关于牛郎织女的神话传说，在中国流传很广，它的原型可以追溯到秦汉以前的星辰崇拜，汉画像中的牛郎织女由一个自然神话逐渐转变成一个体现爱情的人文故事。牛郎织女图除了具有天象意义，还表现了促进阴阳和谐，风调雨顺，这样对农耕有利，使人们安居乐业。南阳汉画馆藏有一幅"牛郎织女星座"画像(图2-18)，一牛上部三星相连，应为牵牛星座，又名河鼓；三星相对的位置刻画七星

图2-17 山东滕州汉画像石馆藏“西王母、伏羲女娲交尾”画像

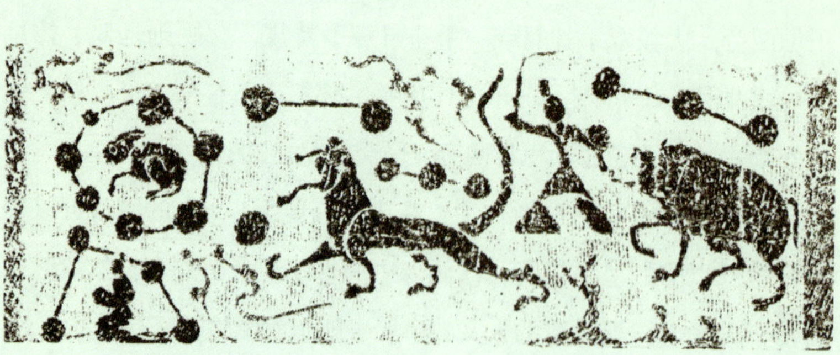

图2-18 河南南阳汉画馆藏“牛郎织女星座”画像

图2-19 河南南阳汉画馆藏“嫦娥奔月”画像

环，内有一玉兔，其下方四星环内刻画一躬身跽坐女子，当为织女星座。

嫦娥奔月。后羿请不死之药于西王母，他的妻子嫦娥被逢蒙所逼，偷吃了不死之药，飞到月亮上去。《淮南子》里记载了这则故事。《淮南子·览冥训》载：“羿请不死之药于西王母，恒娥窃以奔月。”[22] 嫦娥原名姮娥，为避讳汉文帝刘恒之名，人们将其改名嫦娥。南阳市西关汉墓出土一幅“嫦娥奔月”画像，画面右边刻画一女子，高髻广袖，人首蛇身，侧身向月；左边是一圆月，内伏一蟾蜍；周围云气缭绕，散布九星。（图2-19）

三、现实生活与历史故事

汉画像中很多内容是日常生活场景和民间风俗的写照，墓葬画像的内容是按照现世生活的需要配置的，从物质产品到娱乐生活，应有尽有，如汉画像石中的牛耕图、纺织图、车马出行图、庖厨图等。

牛耕图。汉画像牛耕图的主要画面是男人役牛耕地，有的画面旁边还有送饭的妻子和家里的小狗，偶尔也有两牛耕地的。中国古代是男耕女织的小农社会，汉代已经有了男耕女织的文化传统。徐州汉画像石艺术馆藏有一幅“牛耕图”，刻画了两牛拉一犁，一农夫吆喝着牛扶犁耕地。画面中还有播种、刨地、挑担的人物，造型生动，场面完整。（图2-20）

纺织图。中国是最早种桑养蚕、发明纺织的国家，汉代中国的丝绸已经销售到古希腊罗马等地，而且形成了一条丝绸之路。目前出土的汉画像石和画像砖中均有刻画纺织工具、纺织场面的。尤其是豪强地主家或手工业作坊里众多人物纺织的场面，给我们提供了当时纺织业兴盛的图像资料。徐州汉画像石艺术馆的“纺织图”刻画了妇女调丝、纺线的场面，画像上的屋檐下还有纺好的丝团，画面具有较强的叙事性。（图2-21）

图2-20

江苏徐州汉画像石艺术馆藏“牛耕图”

图2-21　江苏徐州汉画像石艺术馆藏“纺织图”

车马图。汉画像中，战争、狩猎和出行的场景中多出现车马画像，具有宏大的场面感。山东孝堂山石祠车骑出行图中有“大王车”和“二千石”的榜题，显示墓主的贵族身份。（图2-22）汉画像石中的战争图像，有的显示墓主人军事指挥者的身份，形象伟岸，气势磅礴；有的表现国家重大战争的场面，其中有不少是在边疆以及与外族的战争。

庖厨图。汉代盛行飨宴之风，庆祝节日、举行婚礼、祭祀祖先等都有盛大的庖厨场面。庖厨包括宰牲、炊爨、酿造等场面，汉画像更是以夸张的手法渲染和表现了这种热闹的场面。徐州汉画像石艺术馆藏有一幅“庖厨图”，画像生动刻画了汲水、杀猪宰羊、椎牛烫鸡、剖鱼烤肉等场面。（图2-23）

以“恶以诫世，善以示后”为目的的历史故事也是汉画像石中的重要题材。《鲁灵光殿赋》即描写了汉景帝时鲁恭王刘余的宫殿——灵光殿里的雕刻和壁画，内容包括飞禽走兽、伏羲女娲、忠臣孝子、烈士贞女。汉画像中常刻画的历史故事有“孔子见老子”“周公辅成王”“大禹治水”等。

孔子见老子应该是一个历史事实，孔子和老子是历史上两位具有代表性的人物，是儒家与道家的创始人。孔子勤奋好学，遇到问题常常能虚心请教，他曾问礼于老子。许多文献都记载了孔子问礼于老子的故事，《庄子·天运》曰：“孔子行年五十有一而不闻道，乃南之沛见老聃。”东汉的画像石上多有孔子见老子的画像，画像人物场景规模庞大，孔子、老子身后各有数位弟子。也有带榜题的画像，如1977年山东嘉祥核桃园齐山村出土的“孔子见老子及孔门弟子”画像（图2-24），孔子身后20人为其弟子，其上刻有“颜回”“子路”“子张”的榜题。画像石和画像砖上的神话故事和历史故事，除了代代相传，人们非常熟悉之外，也经常刻有榜题。榜题在画像旁边画龙点睛地标明画像的内容。此幅画像中孔子、老子相对而揖，中间刻画

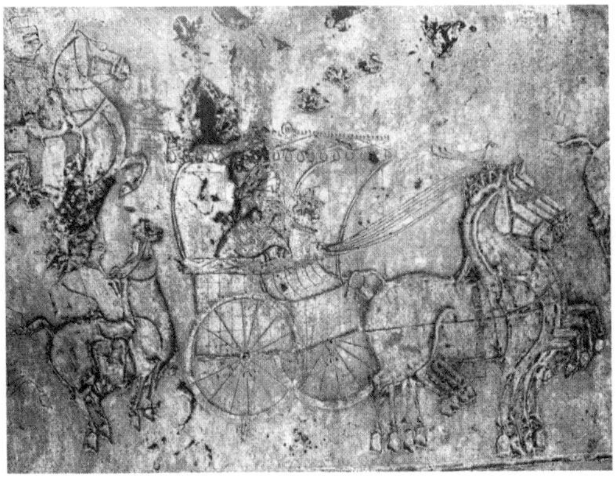

图2-22 山东孝堂山石祠“车骑出行图”

图2-23 江苏徐州汉画像石艺术馆藏“庖厨图”

图2-24 山东嘉祥核桃园齐山村出土"孔子见老子及孔门弟子"画像(局部)

一孩童，即项橐。项橐是春秋莒国人，时人称为神童。《三字经》载："昔仲尼，师项橐，古圣贤，尚勤学。"史书记载孔子在游学路上多次遇到项橐，流传下了项橐三难孔子的故事。

周公是周文王的儿子，周武王的弟弟，周武王建立了周王朝，两年后就生病去世了，13岁的儿子姬诵即位，称成王。当时天下不稳，周武王的弟弟周公就辅助成王，协助管理国家，忠心耿耿，一直到成王成年。有个典故叫"周公吐哺"，曹操的《短歌行》曰："周公吐哺，天下归心。"说周公为了接待贤士，头发没有洗好，握着头发去接待，嘴里吃着饭还没有嚼完，吐出来慌忙去接待贤士。这个典故形容周公礼贤下士，求才心切。山东出土的画像石中，发现许多"周公辅成王"的画像。如1983年山东嘉祥纸坊镇出土的"周公辅成王图"(图2-25)，画像中有"成王""周公""召公"的榜题。

大禹是传说中的治水英雄。大禹和他父亲鲧在尧、舜时期负责治水，那时洪水滔天，民不聊生，他父亲鲧用堵的方法治水失败了，受到了惩罚。大禹接受教训，采用了疏导的方法，治洪水13年，三

图2-25 山东嘉祥纸坊镇出土“周公辅成王图”

图2-26（上）

江苏徐州汉画像石艺术馆藏“大禹治水”画像石

图2-27（下）

大禹画像（图2-26局部）

过家门而不入，终于获得了成功，被人们爱戴。徐州汉画像石艺术馆藏有一块“大禹治水”题材的画像石（图2-26），石头上部从左起第一组为尧、舜、禹。禹身披蓑衣，手执锸。耒耜和斗笠、蓑衣为大禹的身份标志。（图2-27）第二组刻三人。中间一人面朝左，作迎请状，左边一人右向跽坐，右边一人向左侧立，手拿包袱掩面而泣。第三组刻四人。左边一人正在与中间怀抱婴儿的妇人交谈。这位怀抱婴儿的妇人应是大禹的妻子涂山氏女。最右边一老者双手拄杖，左向站立。此画像是大禹的家人送别大禹的场面。画面生动形象，故事性强。

小　结

汉画像艺术“品类群生”“法天象地”“深沉雄厚”的意象特征是对汉代“阴阳”“天地”“时空”宇宙图式的表现。汉代广阔的生活场景、神奇的英雄人物、质朴的礼仪民俗、神圣的宗教信仰，化作真实的图像和神秘的符号，展现了中华民族的审美意象。作为民族艺术的汉画像，其符号的形式与意蕴有待进一步深入挖掘与研究，与现代产品的新形式、新媒介、新功能及审美习惯相结合，用现代设计的语言，重构传统文化叙事结构，实现传统与现代的对接。

注释

1 （唐）张彦远:《历代名画记》，浙江人民美术出版社2011年版，第4页。

2 郑午昌:《中国画学全史》，东方出版社2008年版，第21页。

3 顾森主编:《中国美术史》(秦汉卷)，齐鲁书社2000年版，第288页。

4 葛兆光:《中国思想史》，复旦大学出版社2013年版，第61页。

5 （汉）班固撰，（唐）颜师古注:《汉书》，中华书局2002年版，第2468页。

6 （唐）张彦远:《历代名画记》，浙江人民美术出版社2011年版，第3页。

7 （唐）张彦远:《历代名画记》，浙江人民美术出版社2011年版，第1页。

8 参见顾森主编《中国美术史》(秦汉卷)，齐鲁书社2000年版，第14页。

9 邓乔彬:《中国绘画思想史》，贵州人民出版社2011年版，第62页。

10 方韬译注:《山海经》，中华书局2015年版，第50页。

11 高永旺译注:《穆天子传》，中华书局2019年版，第93页。

12 （汉）东方朔:《神异经》，载《汉魏六朝笔记小说大观》，上海古籍出版社1999年版，第49页。

13 参见朱存明《汉画像之美——汉画像与中国传统审美观念研究》，商务印书馆2011年版，第6页。

14 参见陈锽《古代帛画》，文物出版社2005年版，第145页。

15 参见中国墓室壁画全集编辑委员会编《中国墓室壁画全集》，河北教育出版社2011年版，第1页。

16 （梁）萧统编，（唐）李善注:《文选》，中华书局2016年版，第171页。

17 （清）阮元校刻:《十三经注疏》，中华书局2009年版，第3212页。

18 杨天才、张善文译注:《周易》，中华书局2014年版，第607—610页。

19 方韬译注:《山海经》，中华书局2015年版，第293页。

20 参见陈履生主编《中国汉画》，广西美术出版社2018年版，第38页。

21 （晋）葛洪:《抱朴子内篇》，北京燕山出版社1995年版，第41页。

22 陈广忠译注:《淮南子》，中华书局2012年版，第333页。

第三章

汉画像艺术的纹饰

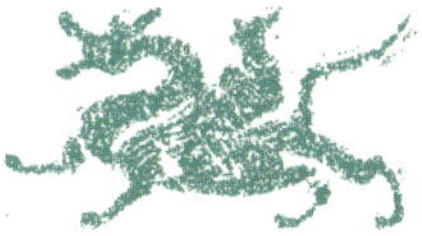

汉画像艺术的纹饰是指汉代画像石、画像砖、壁画、漆器、铜器、陶器等上的装饰图像，它们很早就引起学者的关注和讨论。在宋人开金石学风气之后，研究汉代画像及纹饰的系统方法逐渐建立起来。

汉代在工艺品制造过程中，创造了很多新品种、新技术，工艺装饰得到了空前的发展。不同艺术形制及器物的纹饰呈现了既统一又多元的维度特征。

第一节　汉画像石、砖的纹饰

汉画像石、砖的装饰内容较为丰富，纹饰主要包括动物纹饰、人物纹饰、植物纹饰以及几何纹饰。汉画像石、砖的纹饰是用来探索汉民族文化起源、基因、思维模式及艺术形式的主要视觉符号。

一、动物纹饰

汉画像石、砖中的动物纹饰一般表示吉祥的寓意，常见的动物纹饰有龙、虎、凤鸟、龟、象、鹿、羊、蛇、鱼、兔、豹、熊、牛、马等。

龙是四灵之一，为万灵之长，凤为百鸟之王，都具有独尊的地位。《说文解字》云："龙，鳞虫之长。能幽能明，能细能巨，能短能长。春分而登天，秋分而潜渊。"[1]龙兼备天文与人文的诸多属性。在汉代"天人合一"及谶纬神学的影响下，飞龙在天，犹圣人之在王位。青龙和白虎是分别守卫东西方的神灵，上行正于天，下行义于地。"龙"的出现是盛世的表征或受天命的象征。

虎的纹饰在汉画中较为常见，《说文解字》曰："虎，山兽之君。"[2]《风俗通》曰："虎者，阳物，百兽之长也。"[3]白虎属西方，西方代表秋天，秋天象征万物枯零，主残杀之气。白虎的象征可以和西王母的神话联系起来。在《山海经》中，西王母是人兽合体的女神，"其状如人，豹尾虎齿而善啸，蓬发戴胜"[4]。她的原型与虎有关系，居西方玉山，主宰五刑残杀之气。

汉代人称朱雀为"朱鸟"，也称"凤凰"，位于南方，象征夏天，其色朱。红色是火与太阳的象征，所以在古代传说中，朱雀与凤凰的毛色多为红色。朱雀是吉祥的象征，它的出现预示着阴阳调和，天下安宁，子孙昌盛。汉代墓门上常刻绘朱雀，也有引魂升天的象征意义。

在汉画像中，龟与蛇多以合一的形象出现，即玄武。玄武，北方之神，其形状为龟蛇合体。相传“河图洛书”中的“洛书”为龟书，就是龟背上的纹理。

在吉祥文化中，鹿是帝位的象征，升仙的工具。《汉书》曰：“秦失其鹿，天下共逐之。”[5]《后汉书》中记载了白鹿随驾，主人后来升迁的兆验。滕州市姜屯镇后沙胡同出土画像石刻有朱雀、玄武、青龙、白虎。朱雀、玄武左侧面刻画一龙、一鹿，画面间隙布满云气纹。（图3－1）

汉画像中象的纹饰是君主贤明、政清民和、天下太平的吉祥瑞应。“白象者，人君自养有节则至。”[6]相传古代圣王舜、禹葬时，象

图3－1 山东滕州汉画像石馆藏“四神画像”

图3-1局部

为耕田，鸟为耘地。淮北市濉溪古城汉墓藏有一块瑞兽画像石，从左至右依次为黄龙、大象、开明兽、熊、天鹿等瑞兽。（图3-2）

羊与“祥”通，也通“阳”，是寓意吉祥的神物。《太平御览》曰：“羊者，祥也。合三而生以养王也，故羊高三尺。”[7]四川成都出土的画像砖刻画一羊，在图像的旁边有文字“此羊吉”。（图3-3）

在汉画像中，天马、天狗、天鹿、飞廉组成了庞大的能载人升天、驱除邪魔的升仙大军。汉武帝就企图骑天马实现升仙的梦想。淮北市南山汉文化博物馆藏“羽人·天马·轺车”画像石中，上部刻画两羽人，羽人伴随两匹天马，祥云缭绕，仙气弥漫。（图3-4）

图3-2

安徽淮北濉溪古城汉墓出土瑞兽画像石（局部）

图3-3

四川成都出土“此羊吉”画像砖

图3-4 安徽淮北南山汉文化博物馆藏“羽人·天马·轺车”画像石

二、人物纹饰

人物画是中国绘画史上发展较早的一个画种，中国人物画经历几千年的发展演变，从新石器时代仰韶文化彩陶上的人物纹饰到战国时期楚墓帛画的“龙凤人物图”“人物驭龙图”，至汉代，汉画像石、画像砖、帛画、壁画中大量人物画构图、造型与风格已趋于成熟。

汉画像人物纹饰的构图有显著特征，画面根据人物动态和形体的大小表现出地位的尊卑。如画面中戴高冠者稳坐，形体采用较正的长方形，重心垂直，体积也较大；导骑体积次之，但动态感很强；马车夫的身形最小，在一幅画面中的身份也最卑微。山东博物馆藏“故太守祠堂后壁画像”就是这种构图模式。（图3－5）这一表现方法在此后的中国人物画中经常出现，最为典型的例子就是唐代阎立本的《步辇图》。画面中根据人物不同地位和身份采用不同的大小比例，尊卑分明，主次突出。

汉画像中人物画像，如持盾门吏、侍女、乐舞等，造型线条流畅，极富动感和韵律美。以河南南阳的一幅人物画像砖图像为例（图3－6），人物表情生动，造型、姿态各异，服饰线条简约、动态感强。

汉画像中还有神话传说中的人物画像，如西王母、东王公，伏羲女娲，牛郎织女等；历史故事中的人物画像，包括圣贤故事——孔子见老子、曾母投杼、周公辅成王，孝行故事——丁兰刻木、董永孝父、三州孝人，列女故事——梁高行拒王聘等；生活场景的人物画像，如纺织图、牛耕图、庖厨图等。

汉代工匠们利用简约的线条，生动地刻画了人物的各种造型，人物造型舍繁求简的表现手法是中国传统艺术用线的典范，影响了后世人物画的发展。

图3-5(上) 山东博物馆藏故太守祠堂后壁画像

图3-6(下) 河南南阳出土人物画像砖

三、植物纹饰

汉代的植物纹饰主要有灵芝、蓂荚、朱草、莲花、柏树等，也多用来表示吉祥的寓意。

灵芝是一种瑞草，传说有使人容颜不老和起死回生的功能。汉画像中多有羽人或仙人手持灵芝的形象。《汉武内传》曰："仙芝上蕊，有大真虹芝。"[8]江苏徐州睢宁九女墩汉墓出土的"羽人九华灯"画像石上，便刻绘了灵芝仙草。（图3-7）

蓂荚。武梁祠"祥瑞图"的榜题曰："蓂荚尧时生。"[9]《尚书大传》曰："周公辅幼主，不矜功，则蓂荚生。"[10]《白虎通义》曰："日历得其分度，则蓂荚生于阶间，蓂荚者，树名也。"[11]蓂荚是一种瑞草，传说此草生，瑞应迎。徐州汉画像石艺术馆藏一幅"炎帝升仙"画像，画像下方神牛衔的仙草，状似蓂荚。（图3-8）

朱草。朱草又称"珠"，也是传说中一种仙草，在汉画像石中，常常与仙人、瑞兽同时出现。《春秋繁露》曰："劝农事，无夺民时，使民，岁不过三日，行十一之税，进经术之士……恩及草木，则树木华美而朱草生。"[12]《宋书·符瑞志》曰："朱草，草之精也，世有圣人之德则生。"[13]河南博物院藏有一块羽人画像石，羽人右手执珠，作行走状。（图3-9）

图3-7 江苏徐州睢宁九女墩汉墓出土"羽人九华灯"画像石

图3-8(上)

江苏徐州汉画像石艺术馆藏"炎帝升仙"画像石

图3-9(下)

河南博物院藏羽人画像石

莲花纹。莲是多子植物，象征子孙的繁衍。中国早期的文献资料中已有对莲花的记载，如《诗经》:“彼泽之陂，有蒲与荷。”汉画像石中莲花纹形态写实，有作主纹的，有作边饰的，也有饰有莲蓬、莲子的。如安徽宿州出土的一块画像石上，莲花中心刻画着莲子。(图3-10)其他造型艺术中的莲纹多为抽象的形态，如汉代漆绘陶钫及顶盖的莲纹。(图3-11)

河南洛阳和山东沂南出土的藻井上常见莲花形纹饰。如山东沂南北寨汉画像石墓后室东间的莲花藻井。(图3-12)王延寿《鲁灵光殿赋》载:“圆渊方井，反植荷蕖。”[14]用莲花作为装饰，也有避火的意思。《营造法式》载:“藻井当栋中，交木如井，画以藻文，饰以莲茎。”[15]

树形纹。汉画像中常见的树形纹，如长青树、连理枝等。长青树的形式主要体现在树冠的变化，树冠有三角形、菱形、梯形，三角形数量相对较多。淮北博物馆藏有一块画像石，刻画了两株桃形的长青树。(图3-13)许昌禹州市出土一块画像石，刻画一株桃形长青树，树两边饰青龙、白虎。(图3-14)许昌博物馆藏有一块“建筑”汉画像砖，其上的长青树接近三角形。(图3-15)

图3-10 安徽宿州出土莲池画像石

图3-11

汉代漆绘陶钫及

顶盖的莲纹

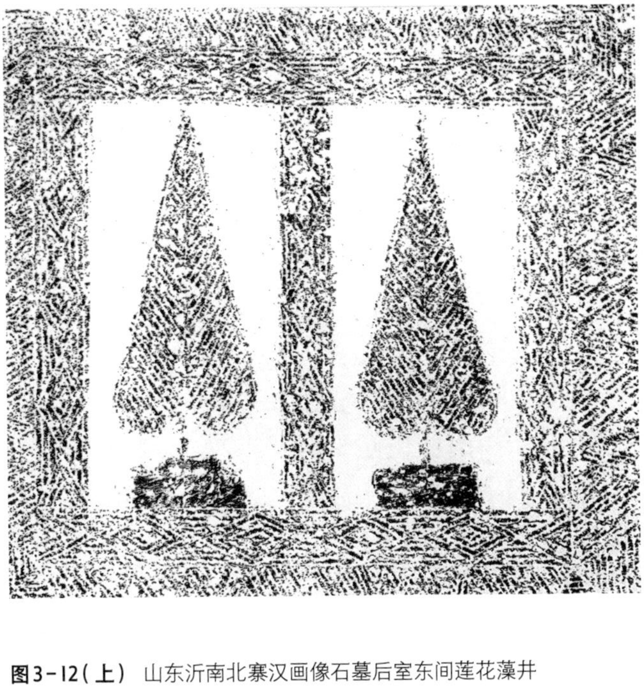

图3-12（上） 山东沂南北寨汉画像石墓后室东间莲花藻井

图3-13（下） 安徽淮北博物馆藏长青树画像石

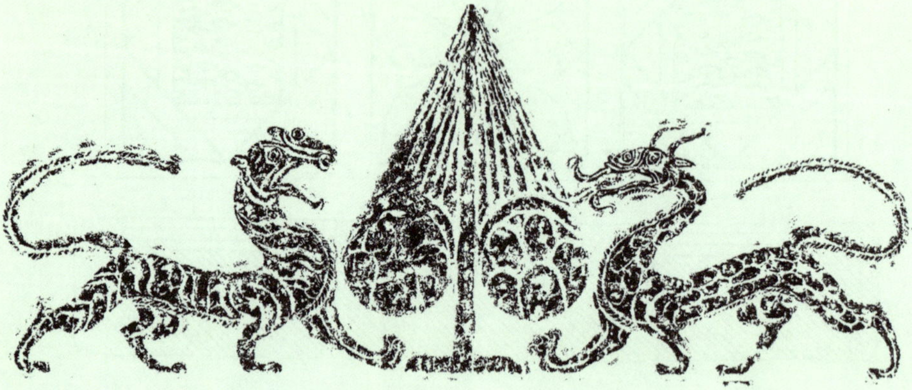

图3-14　河南许昌博物馆藏长青树画像石

图3-15　河南许昌博物馆藏长青树画像砖

连理木是汉代的瑞树，造型又分单树连理和双树连理。(图3-16、图3-17)《宋书·符瑞志》曰:“木连理，王者德泽纯洽，八方合为一，则生。”[16]武梁祠“祥瑞图”的榜题曰:“木连理，王者德纯洽，八方为一家，则连理生。”[17](图3-18)古人视连理树为祥瑞，先是比喻人际间的和睦友好，后专指夫妻间的亲密爱情，如千古传诵名句“在天愿作比翼鸟，在地愿为连理枝”[18]。

在河南洛阳的画像砖中，有一种树纹，造型规整，树枝为波状曲线，线条流畅，形象别致。(图3-19)汉画像砖中还有一类枝叶形纹，如河南禹县画像砖上的叶纹(图3-20)，以四叶组合，呈放射状，构成单位纹样，并和几何形纹排列在一起。

图3-16 山东画像石单树连理画像

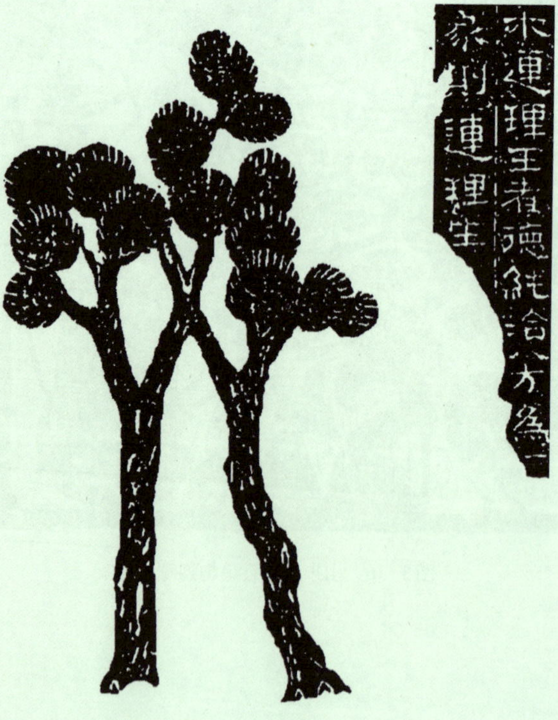

图3-17（上）

山东微山出土画像石
双树连理画像

图3-18（下）

山东嘉祥武梁祠木连理

图3-19(上)

河南洛阳木纹画像砖

图3-20(下)

河南许昌博物馆藏四叶纹画像砖

四、几何纹饰

汉画像石、砖边缘纹样的发展，由简到繁、由单一到复杂、由元素到集合，体现出汉代造型艺术强调动势氛围的营造，将主体图像与背景纹样更好地融合、统一，增强整体画面的装饰美感。信立祥在《汉代画像石综合研究》中说，就迄今所见到的汉画像石的装饰花纹，按其图案因素的构成，大体可分为简单图案形式和复杂图案形式两大类。换言之，纹样的构成形式有两种，一种较规整，仅简单刻画，一种为不规则，需精心绘制。[19]

汉画像石上一般用直线、折线和曲线等组成几何形边饰。常见的有条带纹、三角纹、水波纹、幔帐纹、菱形纹、网格纹和波纹等。（图3-21）这些边纹以带状的形式分布在图像的周边，作辅助纹饰，经常以组合方式出现，如几何三角纹与幔帐纹组合，或几何三角纹与菱形纹组合。（图3-22）一方面起装饰作用，另一方面也可以作为主体图像的分界。

汉画像砖上也有将几何形纹作主纹应用的。在河南出土的一部分画像砖上，以菱形、方形、矩形、八角形等为单位，组成二方和四方连续纹样。如洛阳汉画像砖上的几何纹饰（图3-23），便采用这种构成方法，和生产上运用印模打印方法有关，工艺上较简便、省工，艺术效果良好。

汉画像石、砖中复杂图案形式的纹饰具有特殊的象征意义，如十字穿环、二龙穿璧。如徐州汉画像石艺术馆藏“十字穿环纹·异兽”画像石（图3-24）、新野县博物馆藏“二龙穿璧”画像砖（图3-25），这类纹饰常常以多体连环的形式组合成网纹，是一种符号化的表达，象征着天地交感、化育万物的原始母题，也有阴阳合气、人神沟通、祖先崇拜、吉祥美好之意。

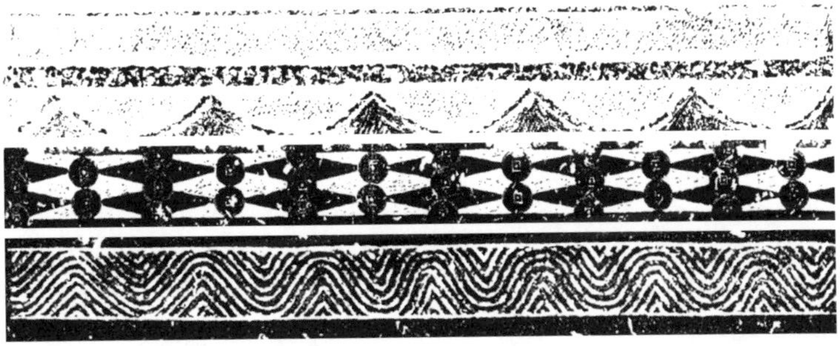

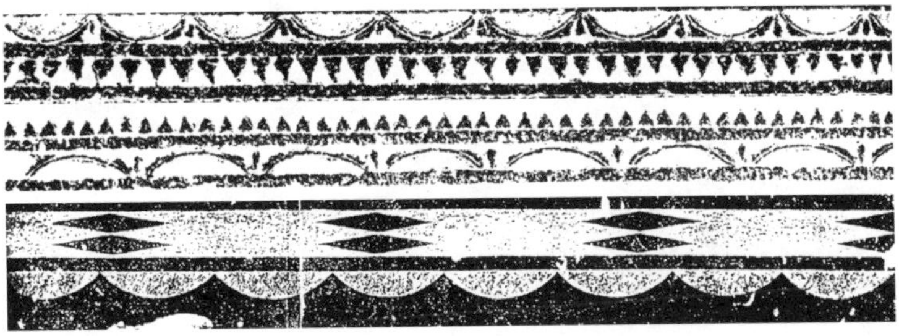

图3-21（上）

汉画像石中的幔帐纹、菱形纹、波纹

图3-22（中）

汉画像石中的组合纹

图3-23（下）

河南洛阳汉画像砖中的几何纹

图3-24　江苏徐州汉画像石艺术馆藏“十字穿环纹 · 异兽”画像石

图3-25　河南新野县博物馆藏“二龙穿璧”画像砖

第二节　漆器、铜器纹饰

汉画像纹饰的发展不是静止和孤立的，各种纹饰的形式与意匠是一个完整的脉络体系，具有互动性，不同器物之间的造型与纹饰，既有源流之别，又相互影响。漆器、铜器的纹饰具有汉画像艺术的一般属性，又因其工艺、造型的不同，而形成独特的艺术形态。

一、漆器纹饰

汉代漆器的装饰，内容丰富，题材广泛，有反映人间生活的内容，如贵妇出行、狩猎、歌舞、历史故事、战斗场面等；也有飞禽、走兽、龙凤、神仙方士、云纹和各种几何形纹等。

汉代漆器中的云纹最具代表性。云气中点缀有各种人物、鸟兽，有的人物、鸟兽在云气中只露头，有的只显尾，有的在身上再加几条飘荡有力的曲线，使本来具有动感的云纹更添活泼生动的气氛。湖南长沙马王堆出土的大批西汉漆器，很多以云纹为饰。如锥画狩猎纹漆妆奁，各种神禽、异兽、仙人填充在云纹之间。有举止飘逸、神态自若的凤鸟，奔腾跳跃；有稚气的奔鹿；俏皮活泼、东张西望的兔子；伸颈扬爪、四肢飞腾的神虎。（图3–26）这些动物的原型，在《楚辞》《山海经》等古籍中可以找到踪迹。

漆器上的云纹是一种吉祥图案。后世的“如意”云纹，就渊源于汉代云纹。汉代漆器上的云纹也有与龙纹、鸟纹组合的形式。湖南长沙马王堆汉墓的漆绘陶钫刻画了云与鸟的组合纹饰。（图3–27）汉画像石中也多刻绘这种组合纹，通常称为“卷云鸟”。（图3–28）汉代

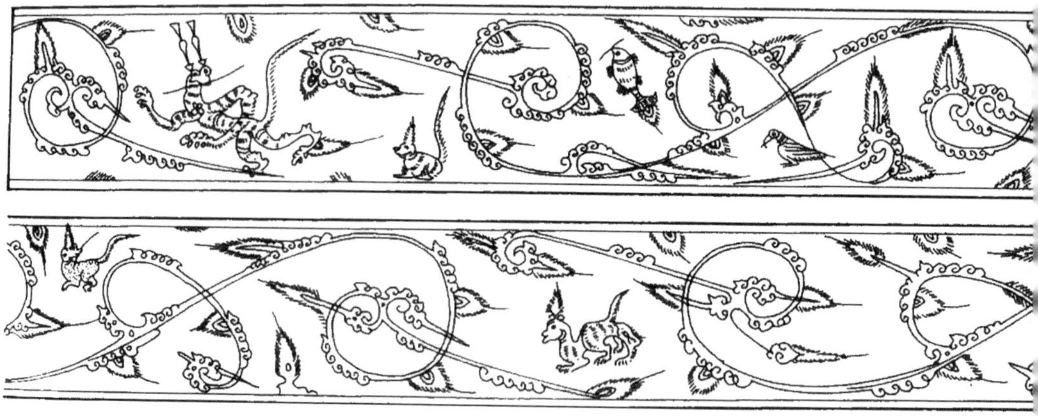

图3-26 湖南长沙马王堆汉墓陈列锥画狩猎纹漆妆奁展开图

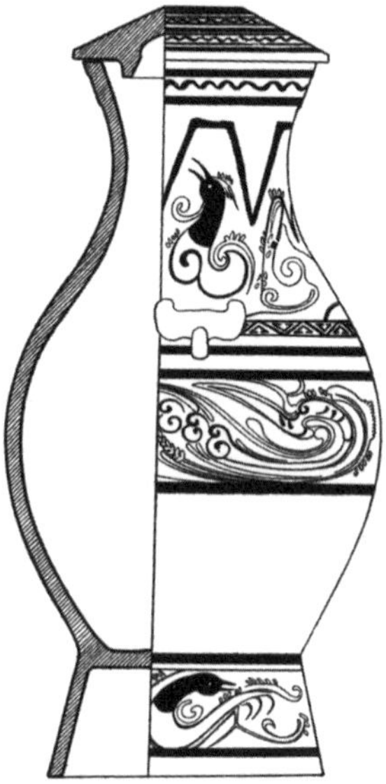

图3-27 湖南长沙马王堆汉墓陈列漆绘陶钫

图3-28 汉代鸟云纹

云纹装饰中大量的云与鸟的组合，应该是建立在“云”“龙”相结合的形态基础之上的一种阴阳哲学观的具体表现。[20]

二、铜镜纹饰

汉代是中国铜镜发展史上的重要时期，从目前我国出土的铜镜数量看，汉代铜镜的数量最多，表现形式丰富，制作工艺精湛。

西汉铜镜的纹饰类型大致可分为早、中、晚三期。早期，铜镜的样式仍以继承前代为主，铭文镜开始出现。中期，常见的有日光镜、照明镜、草叶纹镜和星云纹镜。镜子的缘部以素窄高缘为主。如西汉时期的“花瓣纹镜”（图3-29），镜上有大小两个凹面圈带，大圈带上均匀叠压着四枚乳钉纹，乳钉围以桃形四花瓣，构成一朵盛开的花卉纹，小圈带内有一个弦纹钮，钮外八向内连弧纹。晚期，约相当于汉宣帝以后直到西汉末，出现四神镜、仙人图像镜。这时镜体相对变薄，素面平缘变宽，并出现了双线锯齿折波纹装饰。

新莽铜镜的特点是镜缘中带状花边装饰逐渐盛行。除西汉时期常见的素面折平缘外，这时最流行几何形双线折波纹、锯齿折波纹、锯齿流云纹和卷叶纹等。主纹以仙人禽兽纹为主，“四神”与“四灵”图形也逐渐完备。铜镜中常见的图形有羽人、四神、四灵、三足乌、九尾狐、玉兔、蟾蜍、熊和人面神兽等。

东汉时期铜镜制作工艺，大致也可分为早、中、晚三期。早期，铜镜铸造工艺得到发展，制作精美。其图形装饰在继承新莽铜镜的基础上发生变化，铭文的内容也更符合东汉特点，由“新有善铜”变作“汉有善铜”，如东汉时期“汉有善铜”铭瑞兽博局纹镜（图3-30），主题纹饰为博局纹，与四乳钉及瑞兽相间布置，两两瑞兽之间隔“T”与“L”纹，“V”纹与四乳钉相对应。纹饰内容有羽人戏青龙、白虎与青羊回首相望，羽人与奔腾跳跃的瑞兽相互嬉戏，正面的猴脸瑞兽与青羊相对。其外圈带文字“汉有善佳出丹阳，取之为竟清且明，左龙右虎”。这一时期，官方铸造的尚方铭文镜大量流行，属私人经营的姓氏镜也开始出现，如“杜氏做镜”等。边缘装饰有锯齿折波纹、流云纹、各种忍冬纹和带状仙人禽兽纹等，也有素面无纹的，一般较为精良。中期，铜镜铸造工艺显得比较粗放，浮雕式禽兽纹和乳钉环带式装饰增多，规矩纹镜相对减少，十二地支铭方形钮座已不见。私人制作的姓氏镜大为增多，如张氏、李氏、吕氏、杜氏做镜等。晚期，随着佛教传入，在铜镜图案中，有佛教特色的浮雕神兽纹和佛教式莲花座装饰逐步盛行起来。

图3-29（上）

西汉时期的“花瓣纹镜”

图3-30（下）

东汉时期“汉有善铜”铭瑞兽博局纹镜

三、其他铜器纹饰

先秦时期，青铜器作为重要的礼器，其装饰错金镂银，富丽繁缛。随着汉代青铜器作为礼器的重要性减弱，日益从“庙堂之器”转变为“生活之器”，烦琐的装饰随之简化，装饰形式上以活泼生动、自由升腾的线为主，器物逐渐向轻便实用的方向发展。汉代的青铜熏炉是皇室贵族日常生活中重要的器具。李尤在《熏炉铭》中说：“上似蓬莱，吐气委蛇，芳烟布绕，遥冲紫微。”[21]青铜熏炉的制作样式丰富多样，如豆形炉、鼎形炉、釭炉、行炉等。徐州博物馆藏鎏金博山炉（图3-31），炉体呈豆形，顶部高而尖，主题纹样有山形纹、动物纹、几何纹。山形纹作为主要纹饰，线条弯曲多变，曲线较多，排列疏密有序，其间有飞禽走兽，形态生动，整体设计古朴大气，构思巧妙，当香气缓缓地从镂空中飘出，烟雾蜿蜒缭绕，徐徐上升。

在汉代的青铜器中，灯具同样应用广泛，著名的河北满城汉墓长信宫灯（图3-32）由头部、身躯、右臂、灯座、灯盘、灯罩六部分构成，宫女上身平直，跪坐在地，通体鎏金，神情拿捏到位，栩栩如生。该灯具的设计利用人的肢体作为烟管，灯罩和灯盘可以随意转动，燃烧的烟从灯管流向灯座内部，从而避免污染环境，使空气清新，满足了人们的使用需求和视觉审美需求。

在工艺制作中，汉代的造型艺术常采用鎏金、错金银及镶嵌等手法，形态雄壮威严，潇洒飘逸。

图3-31

徐州博物馆藏鎏金博山炉

图3-32

河北满城汉墓出土
长信宫灯

第三节　玉器、陶器、瓦当纹饰

玉器、陶器、瓦当纹饰是汉画像纹饰的重要组成部分，这些纹饰呈现了礼制与日常生活结合的艺术特征，纹饰的发展由先秦的凝重转向自然、日常的风格。

一、玉器纹饰

汉代玉器比较常见的题材是动物类，大多为仿生型的，如玉鹰、熊、牛等，有辟邪、祈福的作用。江苏徐州北洞山楚王墓出土的玉熊（图3-33），玉质温润，有黑色斑点条带。熊呈蹲伏状，躯体略偏于左侧，圆眼，颈部有项圈，圈上部串饰三枚海贝，以阴线刻画鬃毛。熊的整体造型硕大，表情憨态可掬。已出土的考古材料中，也常见玉人造型。河北满城刘胜墓出土的圆雕玉人，脸型瘦长，束发于脑后，顶戴小冠。身着宽袖右衽的长衣，腰系方格纹带。（图3-34）

汉代玉器纹饰中螭纹颇多，后世螭纹主要由汉代螭纹形式上演化而来。螭纹主要分两种形式：一种螭首似虎，故又称螭虎纹。北京大葆台西汉墓博物馆藏螭纹玉佩（图3-35），圆环透雕，内有曲身卷尾螭虎。一种螭首似龙，称螭龙纹。如广东西汉南越王博物馆藏螭龙纹玉环（图3-36），透雕双龙，双螭相间缠绕穿行，龙杏眼，眼角出勾，回首，螭尖嘴尖耳，似狐面。其他常见的螭纹还有螭熊纹、螭凤纹等。

龙纹是中国玉器史上流行时间最长的纹饰之一。汉代龙纹在继

图3-33 江苏徐州北洞山楚王墓出土玉熊

图3-34 河北满城刘胜墓出土圆雕玉人

图3-35 北京大葆台西汉墓博物馆藏螭纹玉佩

图3-36 广东西汉南越王博物馆藏螭龙纹玉环

承战国龙纹的基础上又有了许多新的变化，大体可分为两种形式：一种是侧面龙首形象，常见于各种玉佩饰件上，如安徽滁州天长市博物馆藏“龙形玉环”透雕（图3-37），龙首衔尾如环，尾尖向内打圈。另一种为正面龙纹形象，多表现为一首双身之龙纹，面似兽面，双身左右卷曲，常见于夔龙纹璧上。

汉代凤纹玉器一般勾喙，长冠或后飘，或上扬，身体较长，羽翅及尾部都似流云般飘逸。西汉凤鸟纹大多无细密的羽翅刻画，如江苏徐州博物馆藏龙凤貘纹玉环。（图3-38）六朝时在玉佩上出现高冠长尾，展翅欲飞之凤鸟，身饰羽纹较为具象，一般做回首或昂首前视状，常见于装饰品、器皿纹饰等。

图3-37（上）

安徽滁州天长市博物馆藏龙形玉环

图3-38（下）

江苏徐州博物馆藏龙凤貘纹玉环

二、陶器纹饰

两汉的陶器，一部分是实用器物，一部分是随葬明器。汉代的日用陶器可分为炊器、饮食器、盛贮器三大类，器具有罐、瓮、壶、缸等。装饰大致可以归纳为弦纹、划纹、绳纹、印纹、模印浮雕。日用陶器在东汉中晚期逐渐衰落，与此同时，明器的生产却占有重要地位。[22]

汉代的陶明器盛行，多是仿日常器具，材料以灰陶为多，烧制简单，容易上色。陶明器的纹饰有简洁抽象的弦纹、划纹、绳纹等，还有变化多样的羽人形象，狩猎场景，鸟兽纹、流云纹等。流云纹及其他主体纹饰中常有鸟兽纹穿插其间，这和当时画像石、画像砖和铜器上的装饰风格一致。如河南南阳杨官寺出土的陶仓盖(图3-39)以鱼鳞作基本形，在每一鳞纹中又填入各种兽纹和树木纹。汉代陶器的装饰构成，常见将生动的人物和鸟兽等不规则纹样组织在器物的显著部位，在口、颈和足部大多配上均齐的几何形二方连续纹样。如河南博物院藏彩绘陶壶(图3-40)，腹部绘青龙、白虎、朱雀及云气纹，色彩绚丽，线条流畅。

图3-39(上)

河南南阳杨官寺出土
汉代陶仓盖图像

图3-40(下)

河南博物院藏彩绘陶壶
及局部白虎画像

三、瓦当纹饰

汉代是瓦当艺术发展的鼎盛时期，在大一统社会环境的影响下，瓦当已不仅仅是建筑构件的一部分，更是一种独特的装饰艺术。两汉瓦当上的纹饰主要分为动物纹、几何纹饰以及文字类装饰。动物纹饰中有四神、龟、天禄、辟邪、双鱼、对兽及蟾蜍玉兔等。西汉早期的瓦当纹饰形象略微简单，以青龙瓦当为例，"S"形的造型，作平衡设计。（图3－41）至西汉晚期，青龙瓦当边轮较宽，当心一乳柱，青龙长角、长须，姿态矫健，龙身有鳞甲，长有翅翼，围绕瓦当的当心乳柱呈腾飞之势。（图3－42）汉长安城南郊礼制建筑遗址出土的青龙、白虎、朱雀、玄武四神瓦当，当面构图基本一致。

汉代几何形装饰瓦当有云纹、方格纹、网纹、菱形纹、三角纹、锯齿纹、回纹、水涡纹等。继承秦代的瓦当形制，汉代的云纹瓦当数量相对较多，形制丰富。云纹瓦当的当心常常装饰几何纹饰如方格纹、菱形纹等，造型饱满。（图3－43）

汉代文字瓦当形制较为多样。书体多篆体，少数作隶书，阳文多，阴文少。内容有吉祥寓意的，有专为某种建筑而设计烧制的。有些吉祥语与同时期铜镜和锦绣上的文字相类似。字数一般四字，也有三字和两字的，十二字和仅一字的为极少数。陕西汉阳陵博物馆藏"长乐未央"瓦当是典型的"四字"瓦当。（图3－44）字体为篆书，当心有一乳柱，外围有一圆圈，圆外双线栏四格界，每格一字。西汉有长乐宫和未央宫，汉高祖五年（前202）九月治长乐宫，汉高祖七年（前200）二月治未央宫。但"长乐未央"瓦当在汉代其他宫殿也有发现，且比较普遍。因此"长乐未央"瓦当在汉代并非长乐宫和未央宫的专属瓦当，而是一种吉祥语瓦当，祈求欢乐永无止尽。

汉代的瓦当造型抽象简洁，律动有序。在圆或半圆的画面当中，

图3-41　西汉早期青龙瓦当

图3-42　西汉晚期青龙瓦当

图3-43　汉代云纹瓦当

图3-44　陕西汉阳陵博物馆藏“长乐未央”瓦当

精心布局，是汉代人们传递生死观念、升仙愿景、美好期盼的重要载体，具有极高的艺术价值。

小 结

汉代造型艺术的装饰是汉民族艺术生发期的意象“原型”。大一统的意识形态表现在造型艺术中，形成了统一的艺术观念。从内容、题材至形式与表达，汉画像艺术的发展在一个互动的文化场域下形成了独特的风格。汉画像的内容题材反映了汉代艺术形成期关注的社会、文化、民俗、信仰等问题；形式与表达方式反映了汉代人们的审美观，以及造型艺术的本体性发展规律等内容。

注释

1 （汉）许慎撰，（清）段玉裁注：《说文解字》，上海古籍出版社1988年版，第582页。

2 （汉）许慎撰，（清）段玉裁注：《说文解字》，上海古籍出版社1988年版，第210页。

3 （汉）应劭撰，王利器校注：《风俗通义校注》，中华书局1981年版，第368页。

4 方韬译注：《山海经》，中华书局2015年版，第50页。

5 （汉）班固撰，（唐）颜师古注：《汉书》，中华书局1962年版，第2165页。

6 （南朝梁）沈约：《宋书》，中华书局1974年版，第802页。

7 （宋）李昉等：《太平御览》，中华书局2006年版，第4002页。

8 （宋）李昉等：《太平御览》，中华书局2006年版，第4365页。

9 转引自蒋英炬、吴文祺《汉代武氏墓群石刻研究》，人民美术出版社2014年版，第89页。

10 （清）皮锡瑞：《尚书大传疏证》，中华书局2015年版，第417页。

11 （清）陈立撰，吴则虞点校：《白虎通疏证》，中华书局1994年版，第286页。

12 张世亮等译注：《春秋繁露》，中华书局2017年版，第193页。

13 （南朝梁）沈约：《宋书》，中华书局1974年版，第862页。

14 （南朝梁）萧统编，（唐）李善注：《文选》，中华书局2016年版，第170页。

15 （宋）李戒撰，邹其昌点校：《营造法式》，人民出版社2013年版，第15页。

16 （南朝梁）沈约：《宋书》，中华书局1974年版，第853页。

17 转引自蒋英炬、吴文祺《汉代武氏墓群石刻研究》，人民美术出版社2014年版，第90页。

18 参见张道一《吉祥文化论》，重庆大学出版社2011年版，第211页。

19 参见信立祥《汉代画像石综合研究》，文物出版社2000年版，第45—46页。

20 兰芳：《云的意象——论汉代祥瑞纹饰的设计理念》，《中国美术研究》2019年第1期。

21 （清）严可均辑：《全后汉文》，商务印书馆1999年版，第516页。

22 参见方李莉《中国陶瓷史》，齐鲁书社2013年版，第159页。

第四章

文创产品的构成形式

第一节

汉画像石、砖的构成形式

第二节

漆器、铜器的构成形式

第三节

玉器、陶器、瓦当的构成形式

从现代艺术设计的视域关注汉画像艺术的本体性发展规律，是重点也是难点问题。汉代各种造型艺术的构成形式既受“大一统”文化的影响，又因其各自的造型、质料、工艺等，产生了多样化的发展趋势。

第一节　汉画像石、砖的构成形式

汉代工匠以刀代笔，在石头上表现了各种丰富的艺术造型，其构成形式表达了汉代艺术特有的生命精神，是一个微型的宇宙空间图景。

一、铺陈的表现

汉代在“天人感应”思想影响下，认为生命与广大的宇宙相通相感，天地万物充盈着奋进的生命精神。因此，汉代艺术形式“华丽”“铺陈”的风格非常明显。汉代画像石与整个汉代文化、艺术的环境息息相关，包括汉代文学、诗歌。

从屈原的《楚辞》到汉代的赋，这些文学作品的形式与汉画像石的表现在意象上一致，都用了铺陈的表现手法。它体现了汉代人看世界的一种方式。刘勰的《文心雕龙》评价汉赋说：“铺采摛文，体物写志。”[1]追求“巨丽”是汉赋的表现特色。汉赋所展现的是一种向上的情绪，一种强大的生命力，雄伟的建筑、欢快的歌舞、奇异的鸟兽，处处彰显汉代人蓬勃的精神。汉画像石中的瑞兽、草木、自然等天、地、人的交融形成一种“大美”的艺术气质。汉画像石丰富的题材，如神话传说、历史故事、日常生活、乐舞百戏、战争场景和祥瑞图景等，有“铺天盖地，满幅而来”的气势。如徐州汉画像石艺术馆收藏的“胡人击钹、杂技”画像石中(图4-1)，各种表演的胡人、车骑、装饰等内容，从构图上继承了先秦青铜器的艺术特色。战国青铜器画像的构图，利用有限的空间，进行多层排列，或以长卷式的构图法连续展开主题内容，或以分格的小幅构图法展开故事情节。如河南辉县铜器纹饰的缝隙中填入了许多瑞兽(图4－2)，画面构图饱满，几乎不留白。

图4－1　江苏徐州汉画像石艺术馆藏“胡人击钹、杂技”画像

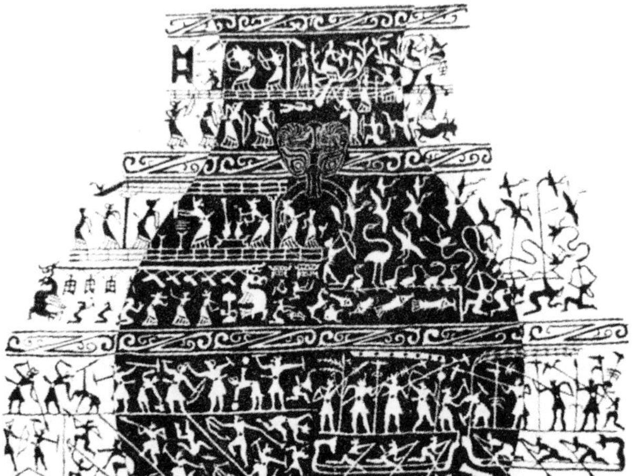

图4－2　河南辉县出土铜器纹饰

二、位置经营

许多学者用科学的透视法将汉画像石的构图方式分为等距离散点透视、焦点透视等。汉画像石的构图有其独特的艺术视角。这个视角与中国山水画多点透视、散点透视不同，也不同于西方科学的透视视角，它是汉代人观察世界的一种独有的视角。比如一个画面中的桌子、人物，可以从侧面表现，可以用俯视的角度表现，这种多维的透视表现了一个他们所“观看”的世界，也表现了汉代艺术质朴的形式与构图。临沂市博物馆藏的一幅“庖厨图”（图4–3），人物的透视看起来合理，但桌面上的食物及桌面的透视完全用俯视的视角来表现，看似矛盾的画面，少了透视的“规则”，多了“表现”的质朴与生动，将汉代艺术独特的精神和观念表现出来，达到时空统一的意象特征。汉画像石注重的是艺术整体的生命精神，造型、比例皆围绕着生命精神的律动展开，在构图上呈现装饰的和节奏的韵律之美。如南阳市文物考古研究所藏“牛·虎·双阙·蟾蜍”画像砖(图4–4)，图中左右各有一阙，阙之间为兽斗。老虎瞠目张口，扑向一牛，牛头低下用角顶虎。虎和牛的形象几乎和阙的大小等同。构图忽略了比例关系，突出物象的主体性，达到物我合一的意境。

图4–3 山东临沂市博物馆藏“庖厨图”

图4-4 河南南阳市文物考古研究所藏"牛 · 虎 · 双阙 · 蟾蜍"画像砖

三、分层的图像世界

分层的构图方式是汉画像石常用的一种手法，迄今发现的汉画像石中，江苏徐州、山东南部等地的画像石多采用分层的构图。滕州汉画像石馆藏西王母、东王公两块画像石(图4-5)，画面分为三层。最上层分别刻画西王母、东王公；第二层为庖厨图和拜谒图；最下层刻画车马图。分层的表现手法将天上、地下、神仙、人间等众多题材容纳在一个画面中。

分层的结构表达了汉代世界观的空间结构。这种结构图式比较著名的是马王堆汉墓"T"形帛画，从上至下可以分为四个层次，最上一层画幅最宽，绘有日月星辰和天上的诸神世界；其下的第二层是死者死后灵魂已达到的昆仑山仙界，以天门及守门神作为象征；第三层是画有祭祀死者场面的现实世界，画的是墓主生前的受谒图；最下面一层则画的是脚踏巨龟、双手托撑大地神怪的地下世界。汉画像中包含着神、仙、现世生活和鬼魂生活。个体生命的延续有三种方式：得道、长生不老、生殖。人们把现世的生活延伸到想象中的神仙世界里和鬼魂世界里。

图4-5

山东滕州汉画像石馆藏
西王母、东王公画像石

在中国的原始信仰中，包含着“天、地、人”三个部分，即神仙世界、现实世界、鬼魂世界，整个宇宙是一体的。人神共处，神可以降到凡间，人可以被封为神，现实的世界与死后的鬼魂世界也是可以沟通的，神、仙、人、鬼是一体的，天界、现世和冥府也是一体的。汉画像中的内容，就包含了这个宇宙体系。王延寿的《鲁灵光殿赋》曰：“图画天地，品类群生，杂物奇怪，山神海灵。写载其状，托之丹青。千变万化，事各缪形。随色象类，曲得其情。”汉画像虽然是在汉代丧葬文化的大背景下产生的，汉代墓葬却是一个神圣的空间，是一种从“死之必然”向“生之渴望”的反转或观念层面的“事死如事生”的民族信仰的展现。为表达微型宇宙的整体性，人们充分利用各种资料形成一个微型宇宙空间图景。

第二节　漆器、铜器的构成形式

汉代的漆器逐渐取代铜器，成为豪门贵族日常生活中的主要器具。由于特殊的制造工艺，漆器、铜器的纹饰既受同时期其他造型艺术的影响，又表现出独特的构成形式。

一、漆器纹饰的构成形式

汉代漆器造型简单，纹饰以曲线为主，线条灵动。实用性的漆器造型规整，多用对称、平衡、旋转、散点构成等表达形式。如汉代变形龙纹漆耳杯（图4－6），上下左右四个龙纹图案沿着轴线对称，整体结构严谨大方，色彩绚丽，笔法流畅。汉代漆盘的结构也多为二方连续或四方连续，结构骨式有一定规律。通常以规则波纹为基线，运线大多有一定方向，穿插自然，疏密均衡。（图4－7）

汉代漆器装饰是一种手绘艺术，常用的装饰方法如沥粉、彩绘、锥画等。不同的装饰方法会产生不同风格的线的形态，章法多样。汉代漆器的装饰纹样以线成面，以线成画，遵循形式美的法则，通过对比协调、虚实互补、疏密结合等表现手法，将纹样结构合理布局，形成乱中有序、章法一致的线条美和画面美。

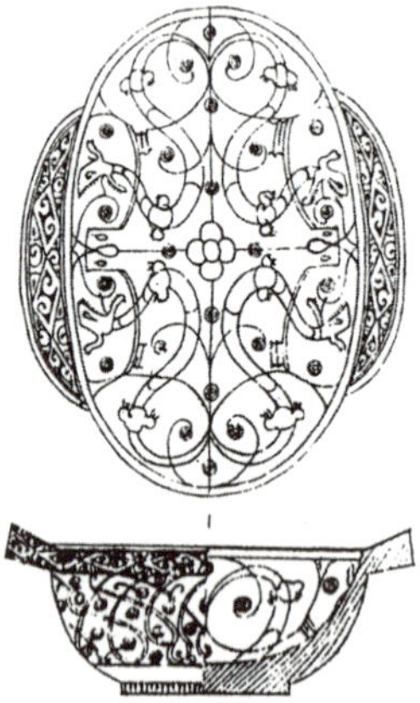

图4－6　汉代变形龙纹漆耳杯

图4－7　湖南长沙马王堆汉墓陈列“轪侯家”云龙纹漆平盘纹

二、铜镜纹饰的构成形式

汉代铜镜整体形态特征是中国古代“尚圆”思想传统和汉代“天圆地方”美学观念的表征。汉代铜镜的艺术构成是面的艺术，大多以镜钮为中心，展开四面、五面、六面的对称形，结构严谨，花纹细密，它表达了形制与纹饰、实用与艺术相统一的造物观。

铜镜纹饰主要有单独纹样、适合纹样和连续纹样。单独纹样是相对灵活的一种形式，如东汉时期的“双角辟邪纹镜”（图4-8），主纹饰区绘制一呈正侧面布局的龙，长尾呈“S”形。适合纹样的形式以圆形展开，可以是对称的，也可以是均衡的表现。东汉时期的“东王公车马”铭舞蹈画像镜即为适合纹样的构成。（图4-9）该镜圆钮座，钮上区为东王公，下区为西王母，左右区为倡乐俳舞。连续纹样是以规律的形态排列开，一般为二方连续和四方连续。连续纹样的铜镜又分为环形式、段列式和对置式。（图4-10）

从汉代铜镜纹饰的发展可以看出各类造型艺术之间发展的互动关系。西汉早中期铜镜的装饰多延续先秦铜镜的风格，以单独纹样和适合纹样为主。东汉时期，各种造型艺术，如汉画像石、画像砖、

图4-8 东汉时期的“双角辟邪纹镜”

图4-9 东汉时期的“东王公车马”铭舞蹈画像镜

A

B

C

图4-10A

汉代环形式铜镜（双人捕猎纹七乳瑞兽纹镜）

图4-10B

汉代段列式铜镜（铭文带重列式神兽镜）

图4-10C

汉代对置式铜镜（四叶八凤佛像镜）

漆器等以及汉代阴阳五行的哲学观，为汉代铜镜的装饰内容提供了诸多发展动力，一些神话故事、奇珍异兽、吉祥文字等纹饰题材开始流行，汉代铜镜的构成形式呈现以连续纹样为主的多维度发展趋势。

三、其他造型艺术的构成形式

已出土的汉代香炉和灯具中，“仿生”造型的数量较多。如河北满城窦绾墓出土的铜骑兽人物博山炉(图4-11)，底盘内有一骑兽力士，高举装饰有仙山、云气、瑞兽的炉子。同墓出土的铜朱雀灯、长信宫灯等，皆是“仿生”的设计。仿生的设计理念体现了汉代造型艺术理性与感性的结合。汉代的工艺美术在技术与艺术方面都获得很大的进步。相比先秦时期，汉代士阶层的发展使社会结构与阶层发生了重大变革，对生活用品与随葬明器的需求也有所增加，这推动了造型艺术的发展。

从设计观念分析，汉代董仲舒的“天人感应”“谶纬祥瑞”的思想观念占主导地位，对人能力的认可与崇拜也影响了造型艺术的发展。一些力士造像、人物图从宗教艺术中获得解放，一种实用的、世俗的艺术形态，包括祥瑞图像，得到空前发展，产生了人性化的设计理念，以及实用价值与审美价值并存的造物思想。

图4-11

河北满城窦绾墓出土铜骑兽人物博山炉

第三节　玉器、陶器、瓦当的构成形式

汉代的玉器、陶器和瓦当的造型特征与制作工艺相关。《考工记》曰:“天有时、地有气、材有美、工有巧，合此四者，然后可以为良。”[2]材美、工巧是制作器物的基础，也是影响汉代玉器、陶器构成形式的重要因素，陶器中的瓦当属于建筑用器，其形制相对规范。

一、玉器纹饰的构成形式

汉代的玉器形式多样，可繁可简。西汉早期，玉器的纹饰以圆形、弧形和方折形线条为主的几何型为多，纹饰对称性强，变化灵活。常见的几何纹饰如谷纹、涡纹、云纹、雷纹和勾连纹。河北满城汉墓出土的谷纹透雕双龙白玉璧(图4–12)是目前所见的汉代玉璧中比较精美的一件。该玉璧两面均雕以谷纹，谷粒饱满如珠，排列紧密，上端饰以双龙卷云作装饰，线条圆润，刻画精美。龙纹与谷纹的结合寓意风调雨顺、五谷丰登，将龙的延伸形态作为美好祈求的依托，表达当时人们的精神追求。

西汉中晚期至东汉时期，玉器的雕琢技艺日益精进，透雕、浮雕、圆雕、刻线制作比例增加，镂空和抛光的技艺更为纯熟，多以写实造型为主，追求的是形神兼备的艺术效果。如河南博物院藏“白玉舞人”玉佩(图4–13)，玉人一手放置头顶，一手甩向身后，呈“S”形造型，转折处琢成弧角，形态自然流畅。

汉代玉工以“物尽其用”的造物理念，最大化利用物料。一方面，玉器的形状、纹饰受物料的影响；另一方面，玉工主观地对玉

图4-12（上左）

河北满城汉墓出土谷纹透雕双龙白玉璧

图4-13（上右）

河南博物院藏“白玉舞人”玉佩

图4-14（下）

河北满城刘胜墓出土螭虎钮方形玉印

料的形进行提炼和夸张，达到以神写形的境界。如河北满城刘胜墓出土的螭虎钮方形玉印，螭虎的造型根据玉料的形状因势而造，与方形印浑然一体。(图4-14)汉代的玉器纹饰与造型最为丰富，很多纹饰与造型被后世仿效至今。

二、陶器纹饰的构成形式

汉代陶器的纹饰主要分为两种：一种是用于满足日常生活需要的器具，如罐、盆、钵、碗等；另一种是明器模型，如陶俑明器、建筑明器等。

汉代陶器的构成形式也分为两种。一种较规整，其中以规整的连续式样较多见，包括散点式、波形式、折线式、接圆式等。规整的构成形式结构清晰，遵循图案构成的形式美法则，从单体的纹样衍生出多种组合。如河南洛阳出土的汉代粉绘陶壶，陶壶的纹饰用规整的波形式和卷云纹构成。(图4-15)

另一种为不规则构成，一般由动物和几何形组成，在粗细线的组合上，运用恰当，纹饰优美。如汉代飞虎凤鸟纹彩绘陶壶(图4-16)，壶的腹部装饰虎和凤等祥瑞纹饰，其他部分由抽象的几何纹组成，纹饰的构成主次分明。湖南长沙马王堆汉墓出土的西汉鸟钮、几何形纹彩绘汉代陶熏炉，也是动物纹饰与几何纹饰的组合。(图4-17)有些纹饰还有一定的情节性，如美国大都会博物馆藏彩绘带盖罐。[3](图4-18)罐的腹部描绘的是一只蓝色猛兽正用獠牙咬向一名骑马射手的生动场景，延伸到这只罐的另一边的是一只长身大步行走的老虎。

陶俑及建筑明器属于雕塑类的陶器，装饰纹饰以几何类为主，局部多饰祥瑞纹。河南焦作出土的五层彩绘陶仓楼装饰精美(图4-19)，楼层正面加开门洞、窗户，在门窗、回廊周围雕刻出多种几

图4-15　河南洛阳出土粉绘陶壶

图4-16　汉代飞虎凤鸟纹彩绘陶壶

图4-17（上）

湖南长沙马王堆汉墓出土西汉鸟钮、几何形纹彩绘汉代陶熏炉

图4-18（下）

美国大都会博物馆藏汉代彩绘带盖罐

图4-19 河南焦作出土汉代五层彩绘陶仓楼

何图案加以装饰，施彩绘。陶仓楼的院落及楼体上绘制有松树、变形龙纹等图案，其他部位饰以网状纹、几何纹、圆点等。

三、瓦当纹饰的构成形式

汉代的瓦当纹饰是在战国瓦当的基础上发展起来的，形式更为多样和完整，已形成统一的艺术风格。两汉瓦当的纹饰中，几何纹相对较多，几何纹瓦当主要采用四分式对称结构。对称式结构表现为以瓦当中心作圆心点，上下或左右作重复连续的图案形式。四个相向又相关的装饰区，既保证了整体的规整，又带来了单位纹饰无限变化的自由。动物纹瓦当纹饰大多作平衡处理，结构和谐稳定。

两汉文字瓦当，字体前期严密紧凑，中期宽博，后期流丽匀圆。

无论是一个字的还是数个字的，文字的结构形式以装饰性为根本准则，遵循着均衡的原则。陕西西安汉阳陵博物馆藏“与天无极”文字瓦当即采用这种四方对称式结构，体现出一种秩序之美。（图4-20）

图4-20 陕西西安汉阳陵博物馆藏汉代“与天无极”瓦当

小 结

汉代是装饰纹饰发展的转折期，汉代纹饰的母题与先秦时期的纹饰既有文化内涵的重合，又有时代特征的变异。汉代的“天人感应”“谶纬神学”思想推动着祥瑞纹饰朝着更加丰富多样与更具系统性的方向发展，以至影响中国传统纹饰发展与演变的历史脉络。一种图像的产生、发展来自整个社会的创造力群，图像的发展不是线性地按时间顺序产生，而是在一个场里，不同的图像纷呈、互补或者互相对立，在对立与认同中显示各自特有的意义。[4]汉代画像石、画像砖、漆器、铜器等造型艺术即在互补与对立的关系中，呈现出既统一又多样的意象特征。

注释

1 （南朝梁）刘勰撰，戚良德注说：《文心雕龙》，河南大学出版社2008年版，第109页。

2 闻人军译注：《考工记译注》，上海古籍出版社2014年版，第4页。

3 叶佩兰主编：《海外遗珍：陶瓷》（卷一），北京大学出版社2016年版，第86页。

4 [法]于贝尔·达米施：《云的理论——为了建立一种新的绘画史》，董强译，江苏美术出版社2014年版，第168页。

第五章

文创产品的设计原理

文创产品的设计表达是一个开放的系统，它关注文化符号、文化意义或文化记忆等内容。汉画像艺术产生于特殊的历史文化语境，将传统文化元素以符合形态逻辑的、理性的方式融入现代设计中，从而实现文化性、审美性与实用性的统一。从汉画像艺术的内容、形式及审美意象中提取符号，物化成为具体、实用的现代产品，将传统文化的形态、意蕴通过现代技术进行创新和改进，符合当前社会发展的需要。

第一节　视觉符号的发现

汉画像艺术是按照“天、地、人”及“阴阳五行”相协调的礼仪系统设计的，其主题特征、结构特征与意象表达有规律可循。祥瑞的主题常用于汉画像中。各种仙界的场景，如羽人、日月、云纹等构成了一幅祥瑞的图景，现代艺术设计需要挖掘祥瑞纹饰的“有意味的形式”。模件化的结构与叙事性的表达是汉画像视觉符号的重要表现。汉画像的制作有固定的粉本，区域相近的汉画像的内容大体相同，是模件化的表现，其视觉符号表现了汉代社会特有的叙事场景。

一、祥瑞主题

汉代纹饰不仅有审美特征，还有许多象征意义。传统文化的意蕴丰富、多样，现代设计需要选择具有典型特征，又在现代人们生活中发挥重要文化基因作用的内容进行传播与创新。“传统文化”和“创意设计”相结合，通过现代设计艺术的新阐释，形成了新的语言符号，在现代社会中发展与传播。只有在延续基础上的创新，文化才会有新的发展，消费者才会产生更深刻的感动。原研哉谈设计时指出，“延续传统”不是翻出老东西，而是理解潜藏于传统中的审美情趣和深层思想本质，从而创作出真正崭新的作品。[1]设计师需要在传统文化底蕴中演绎、创新现代的文明。汉画像文创产品设计选择具有祥瑞特征的内容，是挖掘汉民族深层次“吉祥”文化意蕴的有效路径。用现代人的视角来看汉代祥瑞符号，纹饰的象征性虽然失去了原本的文化情境，但纹饰的审美特征仍存在于特定形式之中。

汉画像中刻画的祥瑞图像，是人们为了祈求祥和喜庆，以达到驱邪避害的目的。这与汉代董仲舒“天人感应”的哲学思想，以及与汉代的谶纬思想相关。董仲舒构建的“天人感应”模式动摇了天在宇宙中的权威地位，凸显了阴阳、五行在宇宙中的作用。某种神秘不可知的力量成为宇宙的主导，人们的日常生活甚至也会因为这种神秘力量而导致祸福的降临。谶是方士造的图录隐语，纬以神学附会和解释儒家经典，包括预示吉凶，祈福避祸等。汉代“天人感应”“谶纬神学”的哲学观对装饰艺术产生了极大的影响，一些祥瑞图像包括珍禽异兽和奇花异草等作为装饰，目的在于祈福，给人们带来好运。其中既包括现实生活中存在的动植物，也包括想象出来的动植物，也有的是对现实生活中动植物图案抽象的表现以及与吉祥如意相关的字的谐音，如龙凤呈祥、凤鸟衔珠、年年有余（鱼）。山东嘉祥武梁祠屋顶前后坡上，不但刻画了各种祥瑞图像（每幅图像的榜题即指明了该征兆的名称），也描述了其出现的条件，并图以摹物，说以释德。汉代的铜镜与瓦当上有用吉祥文字组合的，如“千秋长安”“千秋万岁”“延年益寿”“长乐未央”等。

祥瑞的主题是汉画像艺术的主旋律，也是中国人生活追求的文化基因，经久不衰。《诗经·豳风·七月》就有“跻彼公堂，称彼兕觥，万寿无疆”的句子。当今社会，吉祥文化已渗入人们的日常生活，“吉祥”的文化、“吉祥”的民俗、“吉祥”的纹饰，是文创设计的永恒主题。如以汉画像中“木连理”作元素的现代文创产品设计。（图5-1）该作品将“连理枝”造型作为元素，用现代媒介，突出“连理”的吉祥意蕴。系列化的设计元素营造了一个“祥瑞”的氛围。作品从汉代的一个纹饰，演化出若干“祥瑞”符号，这些符号可以用在日常产品的设计中。

图5-1 “连理枝”系列文创设计(作者：张潇潇，指导老师：兰芳)

二、模件化结构

汉代画像石、画像砖、铜器、陶器、玉器等造型艺术的发展处于一个“文化场域”，具有相同的宗教意义与礼仪性特征。同一类器物的质料、形制、功能基本一致，其生产一般具有模件化的特征。雷德侯认为：“在中国，原创性和大生产相结合而产生出一种‘规模性的创造力’（massenhafte kreativitaet）。”[2]古代匠人以确定的技术制造物品并赋予其明确的外形，看似程式化的生产过程具有创造力的表现。中国的汉字、青铜器、木架构建筑等在“模件化”的制作中，表达了极具创造性的审美意象。以汉画像石为例，“高明的石工也可以在不改变格局，不失画旨的情形下，作极富技巧的变化。格套可以方便一般的石工，对巧匠似乎并没有造成创作上的限制”[3]。这里的格套即是指模件化。因此，即使同一区域、同一主题的画像石，模件化的制作也有创意性的表现。

对传统中国艺术模件化设计的理解与创造，并不是对物质文化遗存的简单再现，而是对其“模件化”特征进行挖掘，寻找有意蕴的“设计符号”。从传统艺术“模件化”特征的各种结构入手，分析其造型语言。如表现汉代日常生活的“迎宾宴饮”画像（图5-2），画像上刻画了“迎宾”“宴饮”“拜谒”等礼乐生活的各种场景，多数画像中还刻画了“乐舞百戏”“狩猎庖厨”“祥瑞装饰”等图案。不同区域的画像因其质料、技艺、尺度的不同，图像风格、内容略有变化，但结构相对稳定，这些基本的图像构成“迎宾宴饮”的场景。

在现代艺术设计中，将汉画像艺术的模件化特征进行一种创意表达，很大程度上体现在对设计符号的原创构型进行归纳、提取，挖掘出最具特色的元素。如汉画像中的“乐舞百戏图”，“乐舞”的画面有鼓舞、建鼓舞、长袖舞、傩舞等。根据设计的情境，选择能够调动全部图像信息和结构特征的“原型”。在诸多乐舞造型中，长袖

图5-2 江苏师范大学藏“迎宾宴饮”画像

舞的数量和造型特征较为突出，但不同区域的长袖舞呈现一定的差异，再进一步选择原型较为突出的艺术造型。（图5-3）

舞　种	图像资料
长袖舞	
建鼓舞	
盘　舞	

图5-3　汉画像中的乐舞图

三、叙事性表达

文创产品设计是造物，也是叙事与表意，它承载着美育和教化的功能。将具有叙事特征的汉画像符号进行现代设计，使新的视觉符号语义多元而丰富。

汉画像艺术具有“叙事性”特征。无论是表现历史故事还是天上仙界，都是在一个宇宙空间中的场景叙事。从独立的画像来看，可以分为表现“德”的历史故事的叙事、仪式场景的叙事等。叙事学视域下的汉画像艺术的研究，是挖掘图像深层意蕴与叙事结构，从而进行创新表达的重要路径。

索绪尔(F. de Saussure)的结构主义强调在研究事物时，不应注重因果关系，而应从事物的整体上，从构成事物整体的内在各要素的关联上去考察事物和把握事物。[4] 叙述学在结构主义的基础上形成，它并不以描写个别叙事作品为终极目的，而是把个别作品看成受某些普遍规律制约的客体；它试图通过对具体作品的研究，去发掘抽象的叙述结构。[5]

以汉画像中表现日常生活的“迎宾宴饮”图为例，按叙事场景，可以将宴饮图分解为若干“构件”——庖厨、宴饮、乐舞、百戏等。(图5-4)这些“构件”既是独立的主题，又是一个“宴饮”的“仪式体系”，具有类语言功能的符号系统。在设计中可以通过语言符号的“编码”，如图形推衍、造型语义及系列组合，构建具有“宴饮”叙事特征的系列产品。(图5-5)

从叙事性特征来理解汉画像，不能将图像的意义孤立来看，图像与图像之间是一个整体的叙事场域，狩猎图、庖厨图、对饮、乐舞，这是一个完整的礼仪叙事场景。如文创产品设计“庖厨狩猎”系列作品，将庖厨与狩猎的叙事场景作为创作原型，在元素提取中，选择狩猎的经典瞬间“射猎”的动态，庖厨生火烤肉的动态瞬间，从

图5-4 若干“构件”：庖厨、宴饮、乐舞、百戏

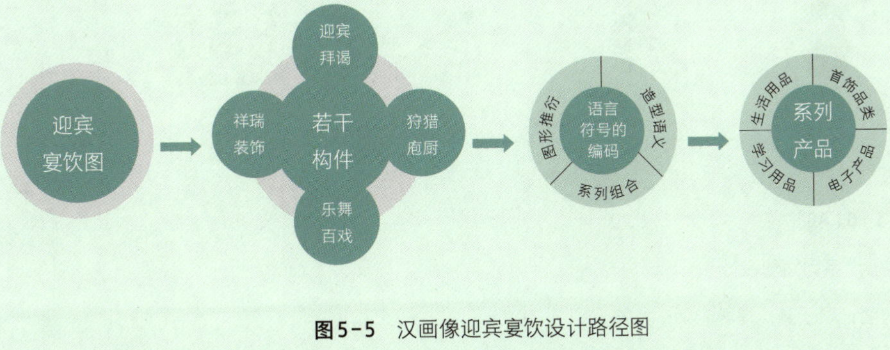

图5-5 汉画像迎宾宴饮设计路径图

“射猎”到“庖厨”既是一个完整的故事性的叙事场景，又是一系列统一的动态场域。设计衍生图提取庖厨、狩猎图中的人物、动物的“动态”场景，构建汉画像庖厨、狩猎“势”的视觉张力。(图5-6)视觉张力一般表现为速度感和生命力，由图像的内在联系和呼应构成的凝聚力，形成特定的审美氛围。

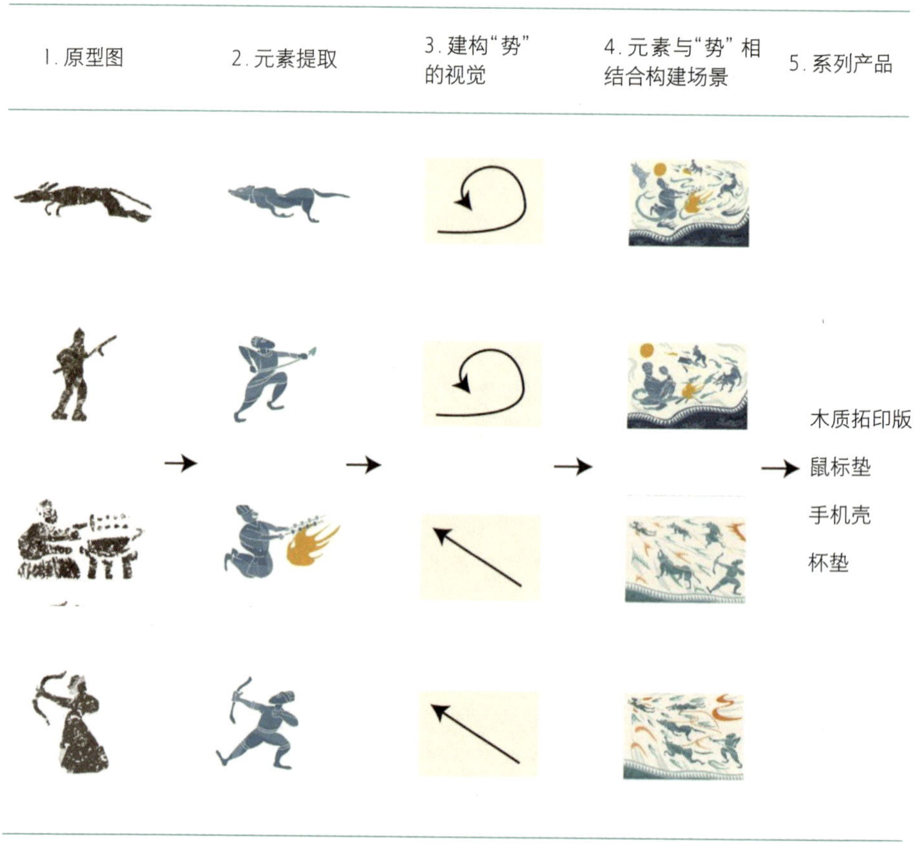

A

图5-6(AB)

“庖厨”系列文创设计

(作者：项子豪，指导老师：兰芳)

B

第二节　设计修辞

修辞是语言学中的一个专有名词，是一种加强言辞或语句效果的艺术手法。罗兰·巴尔特提出“图像修辞”，图像也像语言一样需要利用某种技巧来达到劝服、强化、表意的目的。[6]产品设计具有信息传递、情感表达、功能承载等作用。产品设计中的修辞是用视觉语言的各种表达方法塑造产品的造型。在产品造型设计中，通常采用的修辞方法有明喻、象征与隐喻。

一、明喻性修辞

明喻是比喻的一种，一般采用直接借用、描述原型的方式进行创意设计，类似《诗经》中的“赋”的表现手法，直接叙事、描写或抒情。在文创产品设计中，明喻性修辞一般是对传统艺术符号的直接挪用，通过提取形象元素、造型元素、色彩元素，进行实物复制及局部元素复制的设计。在设计保持艺术原型的基础上，用新的材料、技术等改变使用功能，是最容易采用的一种设计方法。如苏州博物馆的“山水间”文具置物座（图5-7），产品的形态来源于博物馆的片石假山景观形态。台北故宫博物院以“翠玉白菜”为原型（图5-8），用明喻设计修辞法提取元素、复制原型，设计一系列文创产品，如吊饰、椒盐罐、橡皮擦、耳挖等器物。

汉画像文创产品“连理枝”系列，也是采用明喻的设计修辞法，设计方法平铺直叙，直接提取汉画像石中的祥瑞纹饰“连理枝”作为造型元素，表达了吉祥的文化观。（图5-9）连理枝最具代表性的

图5-7 苏州博物馆“山水间”文具置物座设计

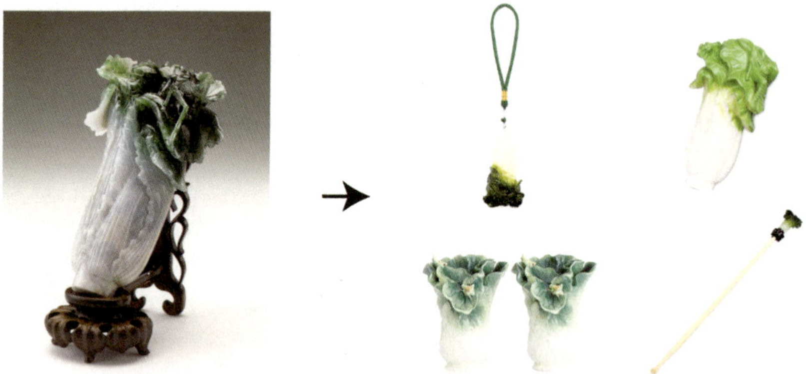

图5-8 “翠玉白菜”吊饰、椒盐罐、橡皮擦、耳挖

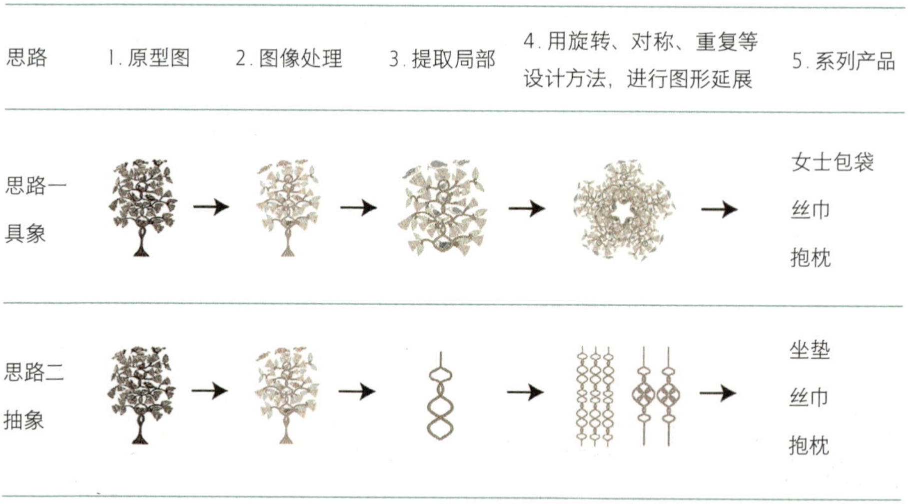

图5-9 “连理枝”图像的衍生（作者：张潇潇，指导老师：兰芳）

特征是枝条的缠绕。产品设计中，辅助图形用缠绕的枝条做元素，将枝条提取出来进行元素的拆分、组合。“连理枝”系列文创产品采用“图形复制”的手法，用满版、局部的组合方式，设计了深受女士喜爱的包袋、首饰、丝巾等系列产品。（图5-10）

“饕餮纹”系列文创设计作品，符号元素源于汉阙上的“饕餮纹”。汉阙上的饕餮纹有装饰和辟邪的作用，也是建筑构件的一部分。纹饰设计采用明喻的修辞法，首先勾勒出饕餮纹的形态，然后按照建筑结构的形式，进行有规律的排列，形成具有建筑空间的组合样式，将纹饰用于产品设计中，具有特殊的文化记忆与创意表达。（图5-11）

元素复制法通过提取文物的图案或造型，进行结构重组，可以提升文创产品的审美价值，在实际功能上并无价值的增益。实物复制法是博物馆文创产品设计中一种比较常用的方法。它是对设计对象的完全复制，一般选择的设计素材较为经典，从而生成有代表性的博物馆文化衍生品。

图5-10 “连理枝”系列文创产品（作者：张潇潇，指导老师：兰芳）

A

图5-11(ABC)

“饕餮纹”系列文创设计 （作者：李华荣，指导老师：兰芳）

B

C

二、象征性修辞

象征是根据事物之间的某种联系，借助某物的具体形象来表达抽象的概念、思想和情感，如同《诗经》中最常用的“比”的表现手法。诗人不是直接铺叙或描写情感所及的物象，而是用比拟托附与之相似的其他物象来表达。文创产品设计中常采用的象征性修辞如风格提取、技法提取、纹样提取。汉画像的风格、技法、纹样是特定时空的意象表达。意象是由记忆或现有知觉形象改造而成的表象。当它们作为文化元素转换为设计元素时，意象式的文化记忆便将特定的意义与特定的形式联系起来。[7]

象征性修辞注重产品的文化表达，它是一个开放的符号系统，产品的文化表达关注文化意义或记忆。象征性设计修辞法并非只是文化符号单纯、静态的重复，而是动态的，具有可改变、重新组合、再创造的弹性。如汉画像文创设计产品“记石迹”系列(图5-12)，运用汉画像石“拓印”的意象特征，以“印迹”为主题，选取一些吉祥图像为设计元素，如伏羲、玉兔、连理枝。结合风格提取与纹样提取的手法，图像原型在设计中居于次要位置。原型可以是整体的，也可以是局部的，意象性的表达是象征型设计修辞的关键。

A

图5-12(ABC)

“记石迹”系列文创设计 （作者：徐祎旋，指导老师：兰芳）

B

C

三、隐喻性修辞

隐喻也是比喻的一种，它是根据不同事物的相似之处，用浅显、具体、生动的事物代替抽象、难理解的事物，比明喻更加形象与灵活。《诗经》中的“兴”与“比”看上去都是“先言他物”，而后是“所咏之词”，区别是“兴”辞所言的“他物”与“所咏之词”之间，不像“比”那样具有相似性的线性逻辑关联，它更多的是通过特定情境唤起某种文化记忆。

隐喻反映的通常是文化内涵、意象、心理感觉、价值取向等信息。它是人通过产品本身，显示出的精神或心理、情感态度或某种认知关系，是产品对人的生理和心理交互作用的结果。在隐喻性修辞设计中，比较常用的是内涵提取法，它针对隐形的文化元素，形成具象化的视觉要素。

内涵提取法通常需要先深入剖析该文化元素表达的概念、内涵后再进行提取转换工作。它是将设计元素通过形态立体化、造型抽象化等方式变换成产品载体，并赋予产品功能的方法。它更偏向于凸显设计元素，以此来达到实现产品功能的效果。如汉画像文创产品“蒲纹”系列（图5-13），以汉代玉器中的蒲纹装饰为元素，象征生活安稳与幸福。将蒲纹凹凸的特征应用在现代杯具系列产品中，既有祥瑞的美好寓意，又有防滑的功能。蒲纹的纹饰相对抽象，其祥瑞的文化意蕴隐藏在产品的功能性之中，是典型的隐喻性修辞法。

隐喻的意义必须依附于事物的形象，设计师对世界的认识以及人类思维的特性、价值取向、行为方式，都会呈现在隐喻之中。也就是说，以“物”为中心，通过“事”的发展创造情感的体验，以“物”的设计传达“事”的语境。

在设计文创产品时，各种设计修辞法不是孤立应用的，多数情况下要综合应用各种修辞法。如汉画像文创产品“宴饮纸雕灯”系列

图5-13 “蒲纹”系列文创设计（作者：娄盼盼，指导老师：兰芳）

就采用综合的设计方法。首先，设计提取汉画像“宴饮图”中的“车马出行”场景、“对饮”场景、“乐舞”场景、“庖厨”场景。其次，针对各场景的叙事结构进行分层的图像设计，将平面的画像进行解构，组合成具有空间层次的叙事场景。（图5-14）设计用新技术、新材料，将汉画像的场景与实用性的灯相结合。光照时，每个层次的画面可以转动，形成连续的叙事画面，表达了“漂浮的立体叙事空间”。灯具在光、图像、空间的场域中，成为一个传达文化叙事的“新媒介”，将功能性与历史文化记忆有效地融合在一起。

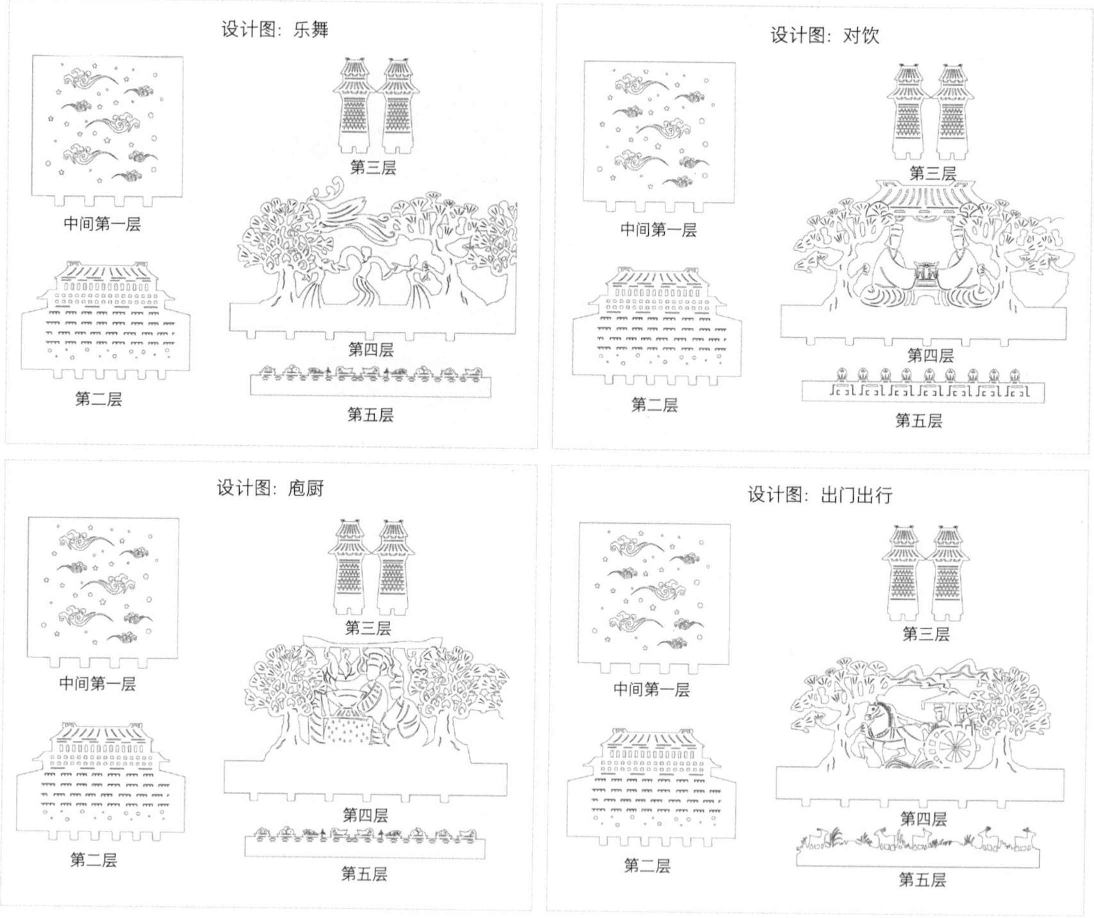

A

图5-14（AB）

“宴饮纸雕灯”系列文创设计（作者：袁立、徐科宇，指导老师：兰芳）

B

第三节 设计表达

将传统艺术进行现代视觉符号的产品转化，是通过图形衍生、造型语义、产品系列化表达，进而建构符合现代审美习惯的创新路径。现代设计与国家的经济、文化、消费形态密切相连，也影响到大众的审美趣味。作为民族艺术的汉画像，其符号的形式、意蕴与现代产品的新形式、新媒介、新功能相结合，用现代设计的语言重构传统文化叙事结构，将汉民族的历史物质遗存进行现代性的转化，实现了传统与现代的对接。

一、图形推衍

设计的载体是"造型"，造型的核心是"形态"，古今中外亦然。现代创意设计产品的表达在传统的"造型"中，探寻形态语言规律，在现代的设计语境中推衍、重构与延伸。汉画像创意产品设计亦是通过"点""线""面"，根据不同的媒介，形成特殊的造型形态。

每个阶段的设计创新都是为了解决人类生活中遇到的各种问题和需要，包括审美需求、功能需求等。汉画像艺术的语言属于中国传统艺术发展的早期阶段，还未达到艺术的自律性，艺术语言的发展规律尚未完善。在汉画像艺术中，总是可以捕捉到拙朴的气息和向上发展的生机与活力。现代图形设计语言已形成系统化的逻辑体系，语言的组织规律成熟而多样。因此，现代设计图形的推衍在不同情感、文化语境、造型中可以达到精准、简练的效果。纹饰的发展生来具有情感性的表达特征。卢卡奇曾从艺术哲学的角度阐述道：

“纹样本身可以这样界定，它是审美的、用于情感激发的、自身完整的形象，它的构成要素是由节奏、对称、比例等抽象反映形式所构成。”[8]现代设计图形的推衍常用重复律、渐变律、起伏律等构成形式，表达汉画像艺术特殊的情感意义与文化语境。

“乐舞图”现代形式的衍生，来源于对具象图形的提取。图形的原型是画像中的“舞”的场景。汉画像中的“乐舞”符号多样，各种舞姿都表现了欢快的气氛，在设计中常选取最具典型性的“长袖舞”。长袖舞不仅是汉画像砖、画像石的典型造型，汉代乐舞俑的造型也与之相似。

“乐舞图”文创系列产品分为两类。一类是具象的“舞”的形态衍生。“舞”的意象可以用重复律、渐变律、起伏律进行秩序化的设计表达，利用线的疏密、曲折关系，生成具有动态效果的“舞”的造型。新纹饰可以用于充电灯、金属书签、木制化妆镜等产品的设计中。另一类是抽象的“舞”的图形衍生。设计提取乐舞的“骨架”，用抽象的线条来表现，通过对称、旋转、发散等设计方法，对单个元素做有秩序、有规律的重复变化，进行纹样的形式延展，形成抽象的视觉符号。抽象的“舞”的图形虽然已经脱离具体的形态，但图形的推衍仍保留了“动态”的元素。这类抽象图形可以用作小型的装饰类产品，如金属钥匙扣、金属徽章等。（图5－15）

汉画像中“山”的形态推衍相比“乐舞图”更为抽象。汉画像中的山还未形成后代山水画成熟的“程式”，因此造型较为丰富、多样。（图5－16）现代图形的推衍，用“点”“线”“面”的元素进行重复律、渐变律、起伏律的组合。多元化的表达既蕴含了汉画像中“山”的意象，又符合现代设计图形表达的审美习惯。山的图形多用于装饰类的产品中，如书签、徽章等，传播了传统文化的审美意蕴。（图5－17）

设计艺术要服从于一定功能的要求和制约，因此，设计构思与表达不是漫无边际的想象，而是在有限中求无限的创意探索过程。

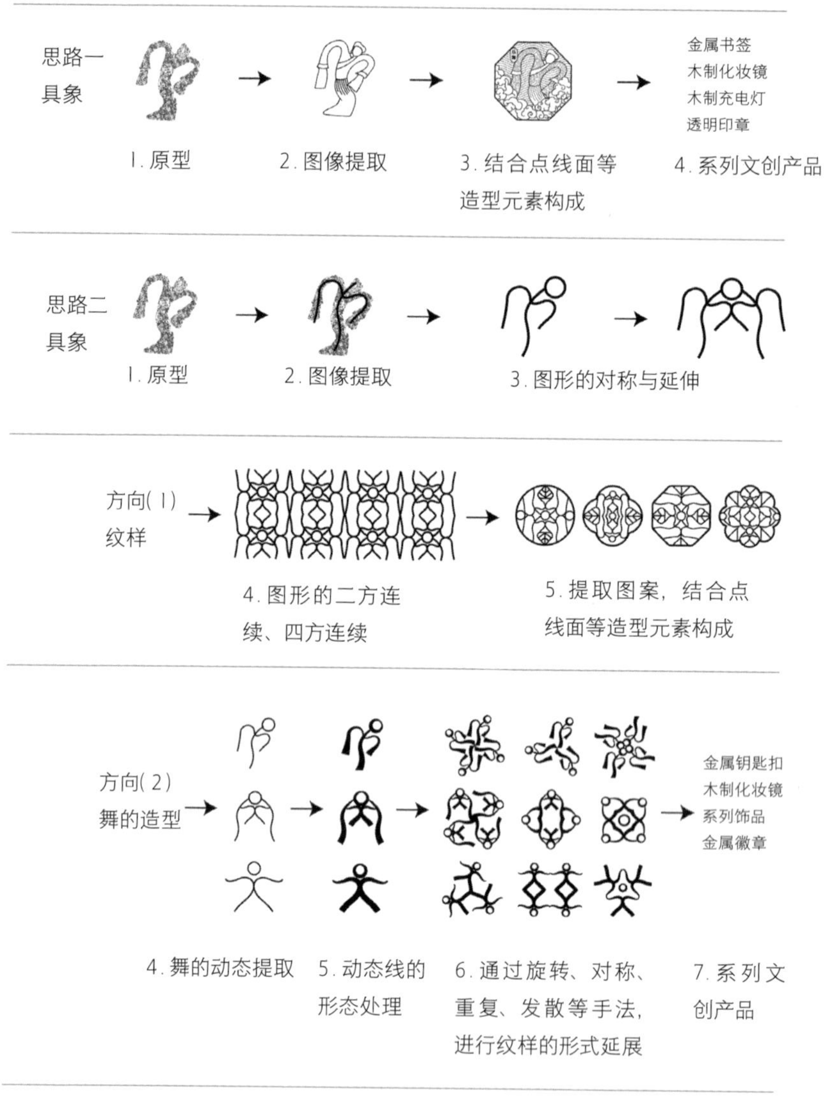

图5-15 乐舞图图像的衍生设计(作者：袁立，指导老师：兰芳)

图5-16　河南南阳英庄出土骑射、罟鱼画像中的山

CHINESE PAINTING STONE
CHINESE PAINTING STONE
CHINESE PAINTING STONE
CHINESE PAINTING STONE
CHINESE PAINTING STONE
CHINESE PAINTING STONE
CHINESE PAINTING STONE
CHINESE PAINTING STONE
CHINESE PAINTING STONE

A

B

图5-17(AB)

“山”系列文创设计（作者：欧阳晨欣，指导老师：兰芳）

设计作品中的图形推衍有别于艺术创作中形式的表达。设计作品的图形需要符合特定的材质、工艺，造型要适于批量化生产。用“点”“线”“面”“体”的元素进行图形推衍符合现代设计的形式要素。

二、造型语义

产品设计作为一种文化语言形式，是具有类语言功能的符号系统。因此，产品设计是一种编码过程，设计文化是通过造型语言的编码赋予产品一定的形态。产品造型有“能指”和“所指”，它不仅是实用的物的符号，也是文化的符号。

美国哲学家、符号学家皮尔斯理解的符号学是“关于潜在符号化过程所具有的根本性质及其基础变体的学问”[9]。他认为一个符号可能包含了不同类别的属性，而符号通过它和所指涉的物体之间共同拥有的物理上或空间上的关联而形成，且符号的使用者与符号间关系瞬息万变，使符号具有多重的属性。[10]福柯在《知识考古学》中说：“我们可以把使符号‘说话’，发展其意义的全部知识，称为阐释学；把鉴别符号，了解连接规律的全部知识，称为符号学。”[11]由此可见，符号与意义的环环相扣，是符号学最基本的出发点。从符号学的视角研究产品设计，需要关注各种形式符号表达的意义，即是对产品语义的研究。

产品造型表达了一种语义，可以引起人们对特殊文化情境的联想。设计师将对人、事、物、境等对象世界的体验内聚为某种感性而生动的心灵表象图，这就是“意”的生成。[12]设计师通过具体的形态、重量、结构、气韵以及色彩、质地等要素构成造型的量感与张力，使造型形成了不同的体量感和视觉张力，表达了产品的意象特征。产品设计中，常用的造型语义有以下三方面[13]：

第一，几何立体状造型。几何立体状最易令人产生“张力”的视觉感受。张力本是一个物理学概念，在文创产品设计中，张力除了指产品外在形态的速度感和反抗力以外，还包括产品内在形态本身所具有的气势感和生命力。如汉画像的纸雕灯系列，将平面的“画”构成立体的“叙事”场景。汉画像“宴饮”场景从平面走向空间，立体的产品造型突出了“叙事性”主题。

第二，反抗力造型。视觉张力一般表现为反抗力和速度感。通常在有作用力的情况下必然会出现反作用力现象，这种力如果在决定形态的抗争中占据主导地位，就能表现出强烈的视觉张力与速度感，能激发出兴奋、激动、进取、奋进的审美情感。如日本设计师喜多俊之的作品“拼木浅盆与茶罐”（图5-18），在米兰展览时，以拼木作品“温暖的木头”，与展示柜冷硬的不锈钢形成对比质感为诉求，凸显个展的主题“传统与未来”。

第三，气势感造型。由物体的内在联系和相互呼应构成的凝聚力，或体现其发展方向的轨迹，均能构成特定的审美氛围。从自然造物的表面形态或生长规律中探寻生命的活力，并运用传神的手法加以提炼和表达，已成为现代艺术设计中最具活力的构成法则。如黑川雅之设计的作品“倒金字塔”（图5-19），将漆器容器的堆叠方向颠倒，形成不稳定的倒三角形，在日常的器物中感受到自然的“气势”与生命力。

多样化的造型语言和表现手法，表达了产品的特殊文化与语义。产品设计是通过造型手段实现符号化，从而使产品具有信息传播作用和精神功能，不仅满足人们在消费过程中实用的物质需求，而且满足人们的精神性体验需求。[14]后工业时代，文创产品的“符号”突出

图5-18 日本设计师喜多俊之作品“拼木浅盆与茶罐”

了特定的语义内容，艺术价值、功利价值、精神价值服务于日常生活可感受的产品“符号”。设计由此获得了不同于其他创造形式、文艺形式、产品形式的文化气质，给人们的生活提供了一种文化观念、消费观念与品牌观念。

三、系列组合

文创产品设计的核心是产品与文化的结合，设计产品的多功能、高效用及产品内部复杂的结构等特点，要求设计师在外观造型上作出归纳并协调处理，以达到变化之中的统一。文化的注入是使产品达到统一性、品牌化的内核。文创产品设计通过统一、整体的系列化组合，可以提高产品的辨识度，加深消费者对创意产品的记忆联结，以此树立品牌形象。

文创产品设计系列化的开发主要有以下几种方法：

（1）造型系列。指共用同一造型但功能各不相同的系列产品，如伦敦交通博物馆的“地铁线路图”系列商品即属于共用造型系列。(图5-20)汉画像创意设计“宴饮”系列也属于统一造型下的系列产品，充电灯、木制镜、金属书签这些产品的功能不同，但造型一致。(图5-21)

(2)功能系列。指将功能相关联的文创产品进行系统性的整合

图5-19

日本设计师黑川雅之作品“倒金字塔”

图5-20 伦敦交通博物馆的"地铁线路图"系列

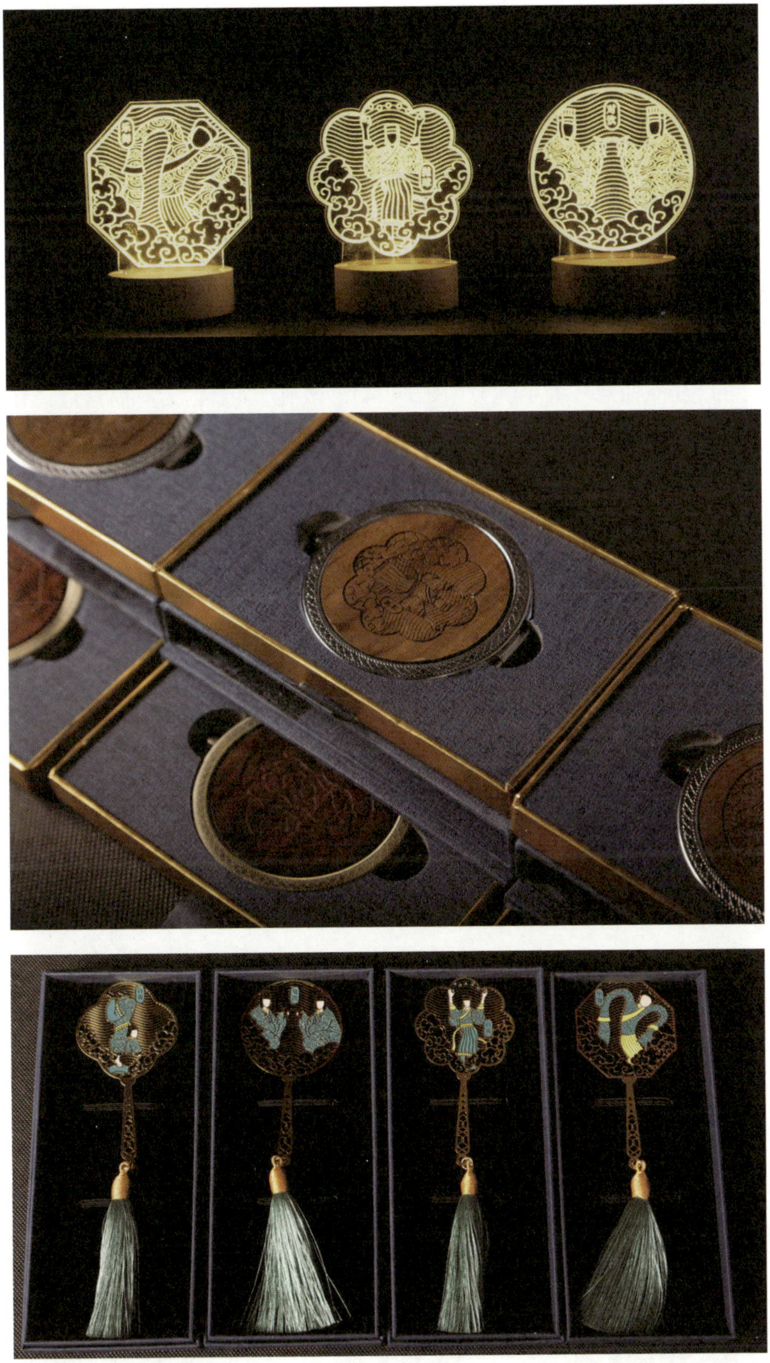

图5-21

汉画像“宴饮”文创系列之充电灯、木制镜、金属书签(作者：袁立，指导老师：兰芳)

而形成的系列产品。如苏州博物馆的“建筑书签套装”，产品的符号来源于苏州博物馆新馆正门、八角凉亭及建筑局部。(图5-22)意大利设计的“工业陶瓷”花瓶项目，采用白色陶瓷和金属基座制成[15]（图5-23），从旧工业建筑的符号原型衍生出系列花瓶产品。

（3）礼盒系列。指将同一博物馆或同一主题的文化产品做统一规划，成为一套礼品组合。可将同一博物馆或同一主题中最具代表性的文化遗存，开发为文创产品，形成一个礼盒。如故宫博物院设计的“万福如意”新年礼盒(图5-24)，该礼盒包含“万”福宫灯、春联“福”字、“如”意红包及“心”意礼盒外盒。

图5-22

苏州博物馆的“建筑书签套装”

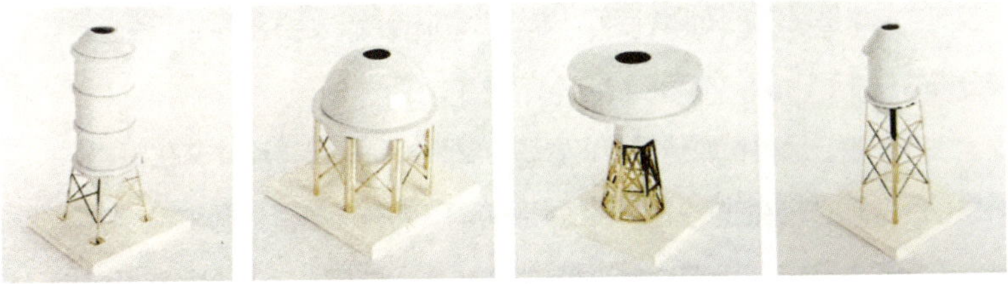

图5-23 “工业陶瓷”花瓶设计

图5-24 故宫博物院设计的“万福如意”新年礼盒

小 结

汉画像文创设计中，通过对视觉符号的发现、设计修辞、设计表达一系列的研究，将文创产品设计的方法与路径进行整合、修订。在传承与创新的融合中，发掘传统文化价值对设计创新的建构、对美育的社会性渗入以及对当下生活方式的影响。作为民族艺术的汉画像，其符号的形式与意蕴有待进一步深入挖掘与研究，与现代产品的新形式、新媒介、新功能及审美习惯相结合，用现代设计的语言，重构传统文化叙事结构，实现传统与现代的对接。文化的介入及西方设计学方法的借鉴，使中国现代设计的发展趋于复杂化与多元化，开拓新的设计方法与研究范式是文创产品设计发展的关键。

注释

1　参见［日］原研哉、阿部雅世《为什么设计》，朱锷译，山东人民出版社2010年版，第196页。

2　参见［德］雷德侯《万物：中国艺术中的模件化和规模化生产》，张总等译，生活·读书·新知三联书店2005年版，第11页。

3　邢义田:《画为心声：画像石、画像砖与壁画》，中华书局2011年版，第60页。

4　参见［瑞士］费尔迪南·德·索绪尔《普通语言学教程》，高名凯译，商务印书馆2019年版，第26页。

5　叙事理论又称叙述理论，最早出现在《诗学》中。20世纪20年代，结构主义开始影响叙事学理论，与俄国文学形式主义产生了紧密联系。参见张寅德编选《叙述学研究》，中国社会科学出版社1989年版，第10页。

6　参见［法］罗兰·巴尔特《显义与晦义——文艺批评文集之三》（罗兰·巴尔特文集），怀宇译，中国人民大学出版社2018年版，第37页。

7　参见沈克宁《当代建筑设计理论——有关意义的探索》，中国水利水电出版社2009年版，第131页。

8　［匈］卢卡奇:《审美特性》，徐恒醇译，社会科学文献出版社2015年版，第193页。

9　参见［美］皮尔斯《皮尔斯：论符号》，赵星植译，四川大学出版社2014年版，第144页。

10　参见胡飞、杨瑞编著《设计符号与产品语意：理论、方法及应用》，中国建筑工业出版社2012年版，第27页。

11　Michel Foucault, *The Order of Things: An Archeology of Human Sciences*, London: Routledge, 2002, p. 33.

12　参见王方良编著《设计的意蕴——产品的意义阐释及语意建构》，清华大学出版社2006年版，第22页。

13　参见陈望衡主编《艺术设计美学》，武汉大学出版社2000年版，第137页。

14　参见徐恒醇《设计符号学》，清华大学出版社2008年版，第103页。

15　参见张凌浩《产品的语意》，中国建筑工业出版社2015年版，第155页。

第六章

文创产品的设计应用

第一节

创意产品设计的文化语境

第二节

文创产品设计的消费语境与应用平台

第三节

文创产品设计的教学创新

汉画像文创产品设计用新的媒介将汉代的艺术符号“日常化”，注意符号与产品功能的内在关联。日常器物不仅仅是用来“使用”，更注入了人的情感与特殊的文化情境。设计师通过各种媒介再现汉画像艺术的历史原境，使消费者在文化情境中感受设计的视觉语言，从而实现传统文化的现代传播。

第一节　创意产品设计的文化语境

在当前社会发展的多元维度的影响下，产品设计的“功能论”已不能解决设计面对的各种问题，如设计资源、设计美学、设计技术等。激活“审美日常”“文化消费”“设计生态”等语境，是当前文创产品设计体系化发展的有效路径。

一、文创产品的审美日常

如同一般文创产品一样，汉画像文创产品主要分为8类：纪念品类、生活用品类、明信片类、益智玩具类、学习用品类、首饰品类、电子产品类、工艺品类。根据各年龄阶段、职业的消费群体，以及特别节日，种类的选择略有侧重。（图6-1）总的来说，品类的选择日益倾向于实用性强的日常品类，避免制作仅有装饰性的产品。

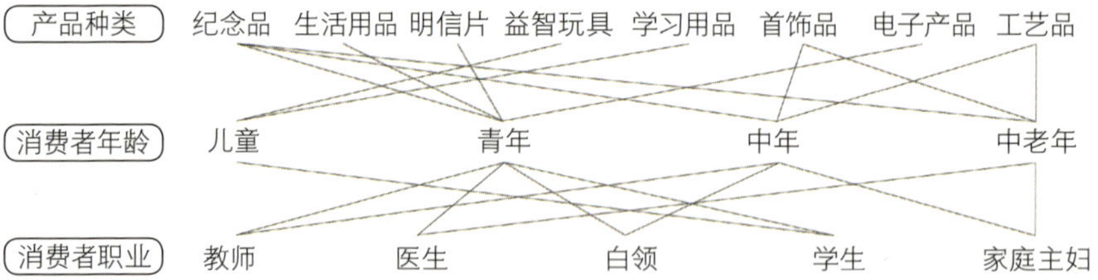

图6-1　产品消费示意图

现代创意产品设计加剧了日常生活审美化的转变。汉画像艺术从博物馆、艺术馆走向日常生活，在现代传媒技术的影响下，社会精英审美行为与大众文化之间的界限逐渐消解。麦克·费瑟斯通（Mike Featherstone）在《消费文化与后现代主义》中提到“日常生活审美化”，认为日常生活审美化正在消弭艺术和生活之间的距离。“日常生活审美化”是后现代文化的美学特质。“日常生活审美化”即指将“审美的态度”引入现实生活，赋予日常生活用品以美学和艺术的品质。[1]日常事物可用审美的方式加以呈现，推动传统的精英审美品位向大众审美文化转型。鲍德里亚在《象征交换与死亡》中提出“拟像三序列”的理论，认为有别于古典时期的“仿造”（counterfeit）和工业时代主导的“生产”（production），当代文化流行的是以代码和符号为主宰的“仿真”（simulation）模式，表现为“图像转向”或“视觉文化转向”。[2]而“日常生活审美化”最突出的表现，就是仿真式“拟像”在当代文化内部的不断膨胀和爆炸。传统“美学”“美”的问题开始扩展、蔓延。媒体的发展和扩充带来的是视觉文化在日常生活中的泛化，即日常生活审美化，包括从日常物品的修饰，到我们居住的整体环境的审美化。[3]

日常生活审美化是作为消费社会的重要组织原则和标志性文化景观而存在的。[4]在这个通常被称为“消费社会”“后工业社会”或“后现代社会”的文化中，似乎一切特权和区分都被消解了，高雅与通俗、艺术与生活、艺术品与商品、审美与消费，传统的边界断裂了。在“审美泛化”的背景下，文创产品的开发以满足消费者的审美需求为内在驱动力，是日常生活审美化的具体表现。如故宫博物院文创设计讲求“把故宫文化带回家”的理念，在设计上注重功能性和实用性，以及文创产品在生活各个场景的应用。[5]

文创产品“陶俑牙签筒”（图6-2）外部为玻璃钢，内部为陶瓷，确保牙签的清洁卫生，同时还可以放置其他小物件，如花卉、文具、便签等，一物多用。另一件作品“神骏水果叉”以故宫博物院藏画《乾隆皇帝大阅图轴》中的元素进行设计(图6-3)，保留了原作品中马的神韵。产品工艺采用合金与传统陶瓷的结合，表面的真金镀层与亮亚镀层形成对比，辅以五支精美的箭型水果叉，产品兼具艺术性和实用性。[6]这些设计均将博物馆的“艺术品”赋予实用功能，走向了大众生活。

图6-2(上)

故宫博物院设计“陶俑牙签筒”

图6-3(下)

故宫博物院设计“神骏水果叉”

中国传统艺术形而上者谓之“道”，形而下者谓之“器”。器具的制作与设计被看作“匠人”的工作，艺术和日常用具始终处于疏离状态。对艺术来说，复制技术时代的艺术作品，是“光韵”的消失。机械复制时代的到来，文化产业的发生和发展使艺术品成为可以被大规模生产和复制的物品，因而丧失了其独一无二的原创性，展示价值取代了膜拜价值。[7]但本雅明对艺术技术化持乐观态度，认为艺术品的批量生产使其不再为精英阶层所垄断，从而实现了艺术的民主化和普及化。从某种意义上说，文创产品是将艺术形态进行“物化”设计，也是对艺术原作进行机械复制的产物，它存在着一个明显的技术工艺化和人工化倾向，使日常生活的美更趋装饰性和人文性，越来越标准化，因而对于艺术品进入大众视野，实现广泛的公众艺术教育具有显著的意义。

二、文创产品的礼仪性

中国古代即有“器以藏礼”的造物理念。现代社会造物艺术的“祛魅”，使器物的设计更多地讲求功能性。社会的发展，环境、种族、伦理等问题的多样性与复杂化，使现代设计理念从“少即是多”转向了“少即是繁”。设计实践的发展引导消费者的审美观与价值观。新的设计话语扩展了设计的尺度，设计的形式从简单到复杂，从理性到感性，从规范到自由。设计融入了文化与艺术的元素，保持产品功能的基础上，产品的情感、审美、行为越来越得到凸显，在人们的日常生活中扮演了更多“角色”。以座椅的设计为例，现代多样化的座椅在形式上并没有完全追求坐的功能，而是表现出一种真正的自由状态，这种自由是受一种没有具体形式的心理、社会状态制约的。[8]正如索特萨斯以查尔斯·依姆斯设计的椅子为例指出的：“查尔斯·依姆斯其实不是设计了一把椅子，而是设计了一种坐的方式。”[9]索特萨斯把椅子当成起点，长时间地思索仪式和象征的本质。索特萨斯使第一批设计师了解到，在功能的借口之外，人们对仪式与象征依旧有心理需要，如今这种需求则以不同的形式展现。[10]设计应从不同的生活场景出发，将角色代入文化礼仪情境，寻求那些不易察觉又非常必要的需求点。

后工业时代，文化赋予了设计隐喻性与象征性意涵，它潜移默化地渗入人们的日常生活中。创意产品设计以现代日常用具为媒介，激活了产品的文化价值与实用价值，达到外观层次、使用层次与文化层次[11]的统一。赫伯特·A. 西蒙(Herbert A.Simon)在《人工科学》(*The Sciences of the Artifical*)中指出，设计是一门与自然科学迥然不同的新型科学，它具有双重特性，一方面它具有修辞学的特性——强调谨慎思考与决策制定；另一方面又具有诗学的特性——人类制造的所有产品都是以制造活动的性质为基础的分析与理解所决定的。[12]正如宗白华所认为的，人对物的尺寸需要是社会性的需要，不光是纯生理上的需要。中国古籍上讲“器”与“礼”是不能分开的。他又指出，使用功能中有社会功能，有象征功能。[13]因此，不论是中国传统造物，还是“审美日常化”“消费语境”的产品设计，功能系统与文化系统始终相互依存。

从文创产品的开发来看，礼仪性的设计主要包括针对一些特殊的节日，推出有针对性的文化衍生品。如故宫博物院文创设计《哇！故宫的二十四节气》绘本(图6-4)，以故宫博物院古建筑为故事场景，展现春夏秋冬四季、二十四节气、七十二物候的趣味情节。在故事中讲述习俗、探寻古建筑、发掘传统文化的礼仪。

汉画像艺术的特殊属性，规定着它的礼仪特征多表现为吉祥的观念。因此，可以针对不同的节日、文化情境，挖掘其祥瑞符号，包括图形元素与色彩元素，使消费者在文化情境中感受文创产品设计的礼仪性。产品的设计既满足了消费者的“日常”所需，又激发其

★二十四节气物候小百科

★115件故宫珍宝，传承百年匠人精神

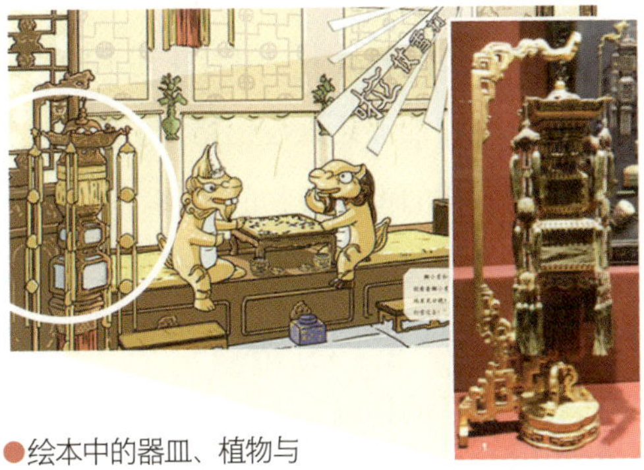

●绘本中的器皿、植物与故宫文物和实景对应

图6-4　《哇！故宫的二十四节气》绘本

与自身的生活经验或行为体会相关联的联想。

三、创意产品设计的仪式性

仪式是人们在特定实践、特定场域、特定程序下进行的有一定规律的活动。仪式起源于先民的图腾崇拜和远古祭祀活动，它体现出仪式活动带有的主体信仰及其在仪式过程中内心的情感活动，并形成神圣感、归属感等仪式情感体验。

将仪式感赋予现代产品设计中，使普通产品具有了文化意义和情感的力量，借助于象征性的符号，获得用户的认同感和归属感，从而激发用户的共鸣。以日本设计师面出薰设计的火柴为例："这些火柴是把落在地上的小树枝收集起来，在小树枝的尖端涂上发火剂。我的想法是在人们把这些小树枝还给地球母亲之前，让它们为人类再做点事情。我们在回顾人类与火的共同进化史的同时，想象着有关火的传说和故事。掉落在地上的小树枝的形状是优美的，这样的设计也许能够让人忘记繁忙的时间，唤起人们对自然、火、人以及各种各样的世间万物的印象。"[14]（图6-5）"小树枝"与"火柴"的造型共用，关乎"文化的记忆"和人们的"感官记忆"。在这个设计中，点燃的火柴不仅仅是为了"用"，更多的是一种仪式性的表达，象征着"自然"的枯竭。

仪式作为一种社会文化现象，具有一定"共同记忆"下的"文化记忆"与"社会记忆"的叙事功能，构成具有民族认同感的继承性及社会的稳定性。汉画像承载着汉民族的历史文化基因，挖掘其象征性的符号，构建符合人们"共同记忆"的现代产品设计的"仪式场域"，使消费者置身于象征、声音、色彩等仪式空间元素所营造的氛围，达到一种"知行合一"的心理状态，产生神圣感、静穆感、归属感与满足感等情感体验。如汉画像文创产品"宴饮"系列，通过赋予日常

图6-5 日本设计师面出薰设计的火柴

器物如灯、书签、镜子等各种“宴饮”符号，在其使用过程中增加了“乐舞”“对饮”“庖厨”等仪式性的情感体验。

仪式具有象征性和程序性的特点。象征性是在产品中融合仪式感的造型、符号，如将庖厨图的各种创意图式应用在餐具系列中，祥瑞图式的设计应用在女性日用品中，在产品中激活消费者的“情感共鸣”，从而引导不同的消费行为。而秩序化设计塑造新的仪式感。喜多俊之的“XELA”餐刀系列(图6-6)，就是根据各种料理的不同以及使用组合不同设计了18种餐刀具组。刀刃角度与切法也颇讲究，有从连肉筋都可以切断的锯齿状刀刃，到奶油刀的刀刃造型。叉子的功用也不仅只是叉起切开后的食物送入口中食用而已，还有以叉子掬起调味酱、盛上焗饭或前菜等功能，可以想象叉子在各种场景的可能性。[15]和谐的秩序符合人们的潜在审美意识，使物品之间形成一定的和谐关系，在使用过程中“潜意识”体验式仪式设计能够增强使用者的情感性。

图6-6 日本设计师喜多俊之设计的“XELA”餐刀系列

第二节　文创产品设计的消费语境与应用平台

文化消费是当代消费观念的重要特征，消费者不仅仅关注产品的实用性价值，更关注产品的文化、符号等形式与内容。消费者通过产品直观的审美感受和文化气息确定自身的价值与归属，这为文创产品生存和发展提供了良好的空间。

一、消费主义的特征

日常生活审美化是在消费文化语境下产生的，本质上是消费社会的一种文化符号。文化创意生产的是既有符号性质又具有文化性质的商品及其体验，娱乐、休闲旅游等，只要有消费需求，就可以批量生产。正如杰姆逊所说："文化已从过去特定的'文化圈层'中扩张出来，进入到人们的日常生活，成为消费品。"[16]这种消费文化主要满足了消费者的需求，消费者的关注点转移到了消费时的情感与欲望等方面。

随着人们消费需求在产品价值、文化和个性方面的多样化和深度化，消费者更加注重从物品中感受产品的文化内涵或服务价值，体验该物品为其带来的心理上的价值利益。因此，对汉画像文创产品的研究应突破以物的形式、功能、历史为研究对象，赋予物以更多的文化特质。鲍德里亚认为："面向大众的商品生产运动的重要特征，是在资本主义交换价值支配下，原有的'自然'使用价值消失了，从而使商品变成了索绪尔意义上的记号，其意义可以任意地由它在能指的自我参考系统中的位置来确定。因此，消费就决不能理解为对使用价值、实物用途的消费。”[17]社会学家道格拉斯和伊舍伍德都强调通过人们对商品的使用来划分社会关系，他们认为：“人们对商品的享用，只是部分地与其物质消费有关，关键的还是人们将其用作一种标签。通过商品的使用来划分社会关系。”[18]从日常生活中的“物”进入人的行为及人际关系系统，即指向了一种符号系统。“物是一个显现社会意指的承载者，它是一种社会以及文化等级的承载者——这些都体现在物的诸多细节之中：形式、质料、色彩、耐用性、空间的布置——简言之，物构建了符码。”[19]

在现代消费时代的背景下，人们的消费对象更注重“符号生产、日常体验和实践活动的重新组织”[20]。唐纳德·A.诺曼在《设计心理学》一书中探讨了设计情感的三个层次：“本能层次、行为层次和反思层次。”[21]其中，本能层次的设计让人产生购买冲动；行为层次的设计让人在使用过程中感受到产品的便利，功能上具有富含价值的创新；反思层次的设计，就是这个产品有了情感的要素，它和人产生沟通，也就形成了品牌。在设计过程中，本能层次和行为层次是产品设计和生产过程中相对容易把握和注意的问题，反思层次属于审美心理层面的活动，对它的研究需要介入更多的文化、社会的元素，如符号学、美学的内容，因而更为复杂化和多样化。（图6-7）汉画像文创设计的消费导向，应更多注重研究人们的生活方式和生

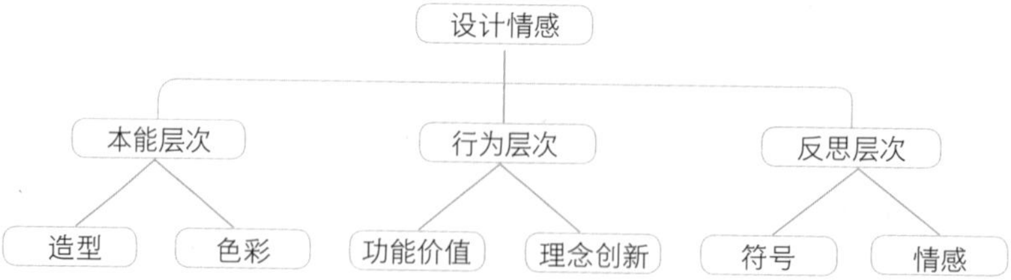

图6-7 设计情感示意图

活状态。如了解和分析人们日常生活喜好的文化元素，以及人们接受文化信息的方式和手段等。在广泛进行社会公众需求调查的基础上，研究人们日常的“消费导向”，进行产品的研发。

后现代社会呈现文化多元的特征，从被固有的社会准则限制到文化的共享，社会本质的变化打破了文化垄断，这种多元的特征也反映在设计史的书写中。伍德姆这代学者反对佩夫斯纳设计史书写的精英史观，注重对设计的经济、消费和社会关系的考察，主张把设计史研究的关注点“从文化的高地转向日常生活的肌理，前者主要关注个体设计师、风格和美学的重要性，而后者则把更多的注意力放到消费者与用户的角色和行为上”[22]。在消费主义语境下，针对不同的消费群体，文创产品设计需要有针对性地研发出不同结构、不同层次、不同表达的产品，以提高产品的关注度与文化影响力。

二、消费语境下的文化传播

消费意识形态下的大众文化遵循商业利益最大化，大众传媒是文化传播的最佳工具。大众文化及其紧密相连的大众传媒涵盖了文化生产和消费的种种机制，生产着娱乐和欲望，也生产着文化和意义，成为社会主导集团、权力集团的文化和意识形态。

大众媒体利用各种创意和独特的视觉图像来吸引广大读者的眼球。消费社会中的符号化象征体现在虚拟的影像空间里，它传递的是一种价值符号和观念体系。在消费社会里，人们往往追求代表更高内涵的符号象征，以此衬托出自己的消费观和价值观。大众媒体的渗透对消费主义文化有潜移默化的作用。文化消费在视觉图像化的今天，以“影像”的方式进入日常生活，围绕在我们周围的是各种信息的轰炸。

从社会层面来说，艺术应当发挥公众教育的价值引领功能。由于现代媒介技术的发展和艺术的符号化、波普化，使其进入大众消费领域，大众通过对日常艺术品的消费，符合了追求视觉快感的现代文化消费特征。作为日常生活审美化现象的主体，消费者应从审美的角度出发，理性看待消费，在发现美、欣赏美和创造美的过程中，提升人文素养和道德素质。文创产品的开发需要凸显文创产业新背景、文创产业发展新形态、文化消费新特点，紧跟时代的步伐、生活方式的变革以及消费层级的变化。

媒介社会带来文化景观化，互联网空间已成为艺术传播的重要场域，公众文化消费习惯的转变也激发了多样化的价值观念和行为选择。从国家层面来说，艺术对内而言是公共文化服务体系的重要构成部分，对外则是讲好中国故事、提高文化软实力的重要载体。对于弘扬民族精神、促进民族文化的繁荣，用现代媒介和技术展示汉画像艺术，服务于广大观众和社会公众，搭建生态平台，是一项行之有效的手段。

三、消费语境下的平台建设

在一个良好的产业平台中，文创的表达才能最大限度地发挥其“文化生态”的优势。“互联网 + 文化品牌 + 公共文化服务”融入传统文化产业为文创产业创建了新的机制与平台。从人的需求出发，文化产品在生活创意方面不仅需要契合消费群体的思维习惯，还应该注重生活引导、生活创新等人生体验，在潜移默化中影响他们的生活模式，激发他们的生活热情。

通过技术平台的发展，提高对现有资源的开发利用，在文化概念、产品细节及服务方式等方面，加强对汉画像文创产品的理解与表达。通过对汉画像文化的深入解读，理清汉文化品牌建设路径，分析、提炼文创产业在文化品牌塑造中的优势与劣势，总结传播与推广方面的经验与教训，提出汉文化资源开发和利用的解决思路，聚焦汉文创产品开发的新模式。

数字化建设是构建汉画像文化遗产展示平台的重要手段。搭建一种交互体验式的平台机制，如设置一些历史文化情境再现与虚拟结局、设计文化产品虚拟与仿真制作等活动，从而促进消费者对文化产品的感知度与认知度。以数字化要素记录历史传承的汉画像文化遗产，以人工智能和互联网等的虚拟、交互解释消费者的思想、情感、信仰、喜好、认知等，让消费者参与交互过程。把关注重心由物化形态转向文化感知，引发心理感应。如以汉墓空间、汉画像石的全息投影、动画虚拟交互方式，最大可能地释放文化信息，使参与者由被动转变为主动，拓宽认知与思考的空间。

第三节　文创产品设计的教学创新

协同教育、引导学术机构培育学生的模式是文创设计生态发展的新路径。学生在创新的课程模式中体验创意设计、产品开模打样、量产、包装组装及仓储物流，最后到经营的全过程。通过“学—研—产”一体化的教学模式，构建校际、校企合作，使学生掌握扎实的理论基础，具备参与创意经济所需的技能，达到资源共享与产业联结。

一、协同创新的课程

课程以汉文化艺术资源为基础，注重教育、文化的传承性，深耕地方传统文化，在实际教研中开展传统文化理论学习和科研工作，充分利用信息、人才、技术优势，结合汉文化产业、博物馆、汉画像石馆等单位培养学生协同的能力，参与汉文化实训研究项目，为汉画像创意设计行业的发展储备丰富的人才资源和文化艺术项目的孵化资源。

支持具有艺术品内涵原创作品的设计、塑造和研究，利用虚拟现实技术进行资源汇集，共同观察、比较、研究、试验，对不同的方案、材料、工艺反复推敲，细致打磨，唤起学生参与的热情，求得艺术特色的最大化展现，避免同质化、简单化、急功近利的产品研发。为了让更多学生增长跨领域见识，了解先进的科学技术动态，提升实践操作能力，优化和创新举措，在课程设置和实际项目中应用新型的软件和硬件对造型、工艺、材料、媒介、方法等进行积极尝试。在虚拟共享实验平台上通过引入图形信息技术等现代技术，改造传统的实验教学内容和实验技术方法，通过网络应用，使部分实验项目实现远程操控，在实践训练中提升学生综合性、实验性、前瞻性的实验能力。文创产品设计坚持“虚”“实”结合、统筹兼顾，促使不同媒体之间的交融与互动由单一视角向多视角、多维度发展，拓宽了各平台之间的关系，用多维的视角解决问题、提高效益。

二、虚拟仿真的教学模式

虚拟现实应用技术采用全新的可视化方案，使项目结果可以以虚拟仿真形式出现，并可从任意角度实时互动，获得直观感受。教学在现有虚拟现实系统基础上，加强应用技术的开发，为项目设计前期和中期提供真实的艺术表现。

汉画像浮雕设计虚拟仿真教学项目是文创产品设计课程的模块之一，以虚拟直观化方式来解决艺术与实践、设计与展示、概念与呈现、技术与艺术、过程与结果之间的联结、链接关系。让学生在实验过程中，通过了解汉画像典型图式及设计规律，以及汉画像模件化的设计方法，掌握汉画像浮雕设计的情境化表达，将“可读”的汉代绣像史转换成“可用”的现代艺术的实践与创造。项目兼顾了研究、教学、应用的特点，培养学生的创新思维能力及实验教学认知的深度与广度(图6-8)，通过对汉画像“知识—能力—创新—感知”递进式模块的应用，为学生提供传统艺术形式表达与可视化的直接感受，全面优化当代设计艺术教育的新格局。

项目主要分为三大模块，一是主题图式认知模块，二是图式脉络认知实验模块，三是艺术创新实验模块。主题图式认知模块通过特定的“情境设定”，主题包括“迎宾宴饮”“车马出行”“乐舞百戏”“天降祥瑞”四方面，让学生识别、认知汉画像图式的模件化特

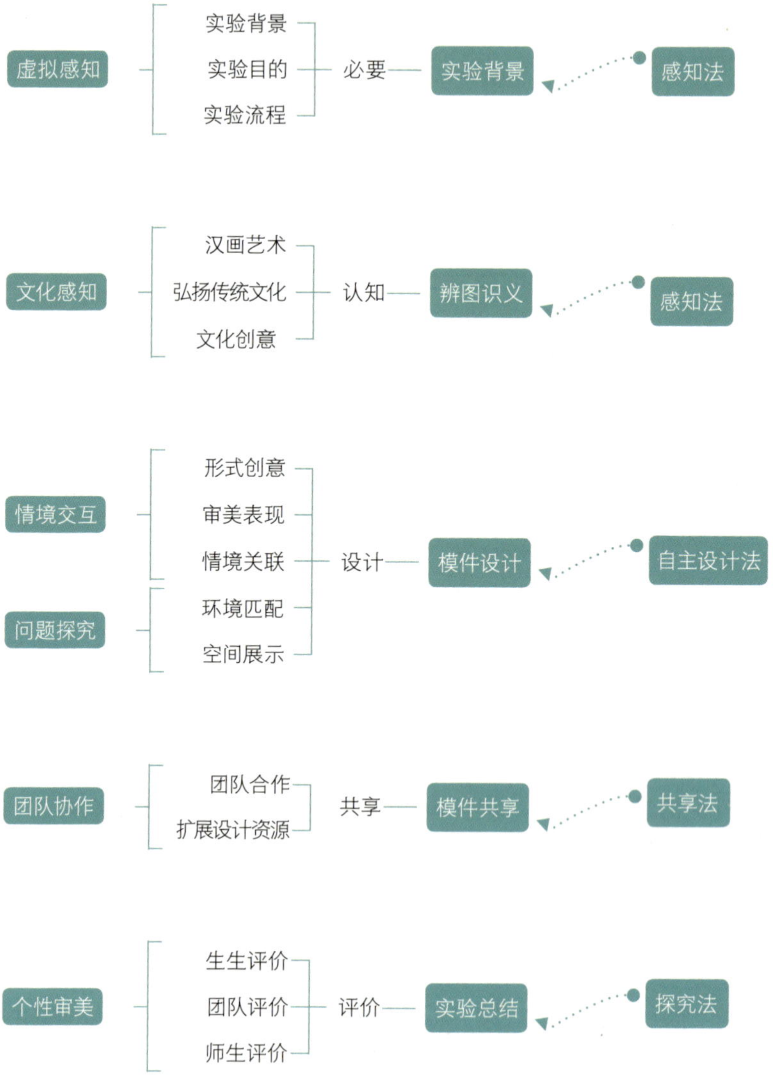

图6-8 汉画像浮雕设计虚拟仿真教学项目示意图

性。通过选择特定主题进行图像认知，在诸多图像中辨识汉代的图式。图式脉络认知实验模块以汉画像中车马、建筑、服饰的形制特征为线索，学生通过对图式的识别与认知，掌握汉代车马、建筑、服饰的造型特征、文化内涵与历史脉络。项目以一幅汉画像中的车马、建筑、服饰造型为考核对象，让学生认识每种图式的文化内涵、发展脉络，从而达到对汉画像图式的文化脉络进行学习的目的。艺术创新实验模块通过探究汉画像艺术的构图规律，在汉画像艺术本体中挖掘传统艺术形式的生命精神，将其与现代形式美法则相碰撞，进行符合现代审美特征的设计与创新。汉画像艺术的视觉要素有规律可循，如重复、对称、均衡等构图形式始终贯穿其中，归纳总结这类构图形式，并通过图形与构图结构的现代化衍生，形成传统与现代相结合的视觉形态。

以虚拟仿真为中枢的实验平台提供了更多更直观的设计分析数据，为教学效果和创新实践提供了有利条件。在提高专业技能的同时，以远程资源服务站为代表的服务平台也带来更多的信息资源，对拓宽学生的视野，提高人文素养和认识新技术有很大帮助。

三、“学—研—产”一体化教学

汉画像文创产品设计课程为实现“联合共建、资源共享、共同发展”的战略，加强学校与设计公司及高科技企业合作，建立了校企共赢的专业实验室，教研实验人员和学生共同参加合作企业的生产、设计、改造、研发等环节，既为企业提供人才和技术服务，又提高了师生的实践能力。在项目实施过程中，学校、企业、学生三方有一个完备的培养计划和制约方案。学生可以以“初级职业人”的身份参与与企业相关的科技项目开发。

在教学环节中，学生通过完备的实验课程训练，能在步入艺术和行业工作之前，全面了解、熟悉和掌握艺术与设计方向的基础知识、实践技能、文创产品设计所涉及的各种形态、媒介及工具，对艺术实践创新有较为深入了解和掌控，并在这一过程中加深对理论知识的消化和理解。教学应重点培养学生团队合作的意识，营造浓厚的协作氛围，在团队中树立合作观念，鼓励学生彼此协作来发现问题、分析问题、解决问题。

“学—研—产”一体化的教学模式是汉画像文创设计“创新生态系统”的重要环节，它是由各个企业、创新主体及其环境的交互作用形成一个动态的、开放的统一整体。一方面，企业为汉画像文创产业提供了强大的技术支持和发展平台，扩展了创意产品的表现形式；另一方面，文创产品设计为企业的文化应用提供了丰富的内容，实现了科技成果的转化和应用。

小　结

在当代消费社会，汉画像文创设计的发展凸显了文化产品的符号特征。文化消费是当代消费观念的重要特征，具有地域特色的文化产业是当代消费社会视域下的新兴产业，它将面临一种新的文化设计的转型。文创设计与以往不同，不仅包含产品的设计，还包含信息化、品牌、空间这些部分。设计不再只是为了把产品卖出去，更是要通过服务设计进行服务系统的链接，给消费者带来全新的产品价值。文创产品设计应用平台与教育平台的创新，推动了设计师角色的转变，使设计师变成了创新驱动的策划者。

注释

1 Mike Featherstone, *Consumer Culture and Post Modernism*, London: Sage Publications, 1991, pp. 65–72.

2 Jean Baudrillard, *Symbolic Exchange and Death*, London: Sage Publications, 1993, p. 50.

3 参见［斯］阿莱斯·艾尔雅维茨《图像时代》，胡菊兰、张云鹏译，吉林人民出版社2003年版，第17页。

4 参见李雷《日常审美的时代》，社会科学文献出版社2014年版，第7页。

5 参见王亚民主编《故宫文创记》，河北大学出版社、故宫出版社2018年版，第70页。

6 参见王亚民主编《故宫文创记》，河北大学出版社、故宫出版社2018年版，第84页。

7 参见［德］瓦尔特·本雅明《机械复制时代的艺术作品》，王才勇译，中国城市出版社2002年版，第14页。

8 参见李立新《设计价值论》，中国建筑工业出版社2011年版，第64页。

9 朱铭、奚传绩主编:《设计艺术教育大事典》，山东教育出版社2001年版，第193页。

10 参见［英］迪耶·萨迪奇《设计的语言》，庄靖译，广西师范大学出版社2015年版，第195页。

11 据交互设计学者艾伦·库伯定义，产品包含外观、行为和内涵三个层次，对应将产品划分为“外观层次”“使用层次”“文化层次”。

12 参见［美］赫伯特·A. 西蒙《人工科学》，武夷山译，商务印书馆1987年版，第137页。

13 参见宗白华《宗白华全集》(2)，安徽教育出版社2008年版，第184页。

14 ［日］原研哉:《设计中的设计》，朱锷译，山东人民出版社2006年版，第58页。

15 参见［日］喜多俊之《给设计以灵魂——当现代设计遇见传统工艺》，郭菀琪译，电子工业出版社2012年版，第97页。

16 ［美］弗雷德里克·杰姆逊:《后现代主义与文化理论——弗·杰姆逊教授讲演录》，唐小兵译，陕西师范大学出版社1986年版，第148页。

17 转引自［英］-迈克·费瑟斯通《消费文化与后现代主义》，刘精明译，译林出版社2000年版，第124页。

18 转引自［英］迈克·费瑟斯通《消费文化与后现代主义》，刘精明译，译林出版社2000年版，第25页。

19 ［法］让·鲍德里亚:《符号政治经济学批判》，夏莹译，南京大学出版社2015年版，第6页。

20 ［英］迈克·费瑟斯通:《消费文化与后现代主义》，刘精明译，译林出版社2000年版，第165页。

21 ［美］唐纳德·A. 诺曼:《设计心理学》(3)，何笑梅等译，中信出版社2015年版，第8页。

22 ［英］乔纳森·M. 伍德姆:《20世纪的设计》，周博、沈莹译，上海人民出版社2012年版，第15页。

第七章

作品赏析

一、“鸟啄鱼”系列文创设计

（作者：徐舒玲；指导老师：兰芳）

原图形	形态概括	设计线稿	设计纹理	单体造型

鸟、鱼单体造型的推衍

图例

两个单元图形翻转组合形成新的基础图形

基础图形倾斜30度重复排列

图例

两个单元图形对称排列形成新的基础图形

基础图形对称重复排列

图例

两个单元图形改变明度形成一个基础图形

基础图形群化乱序排列

图例

两个单元图形改变明度形成一个基础图形

基础图形群化乱序排列

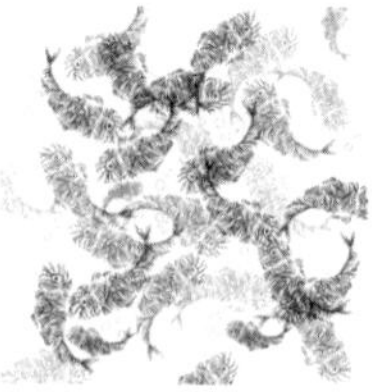

单体图形演变设计

（对称、反转）

成品展示

（对称、反转）

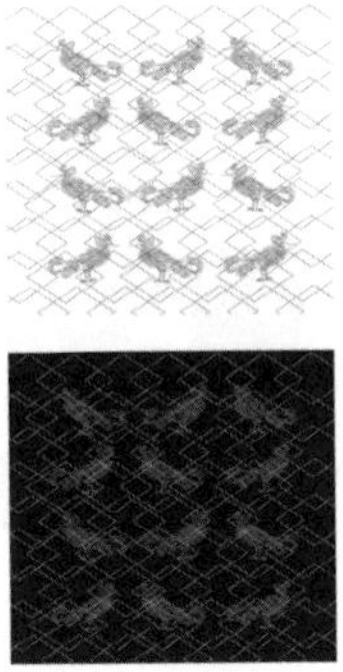

成品展示

（对称、反转）

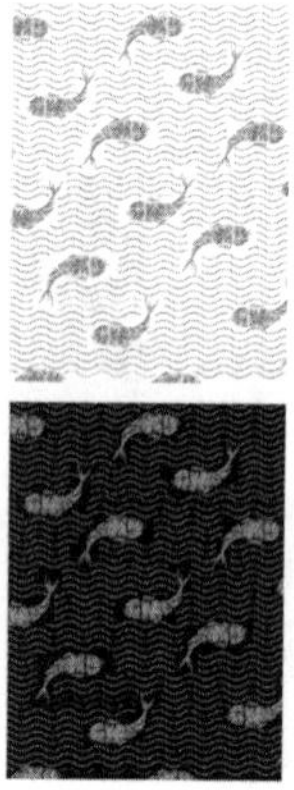

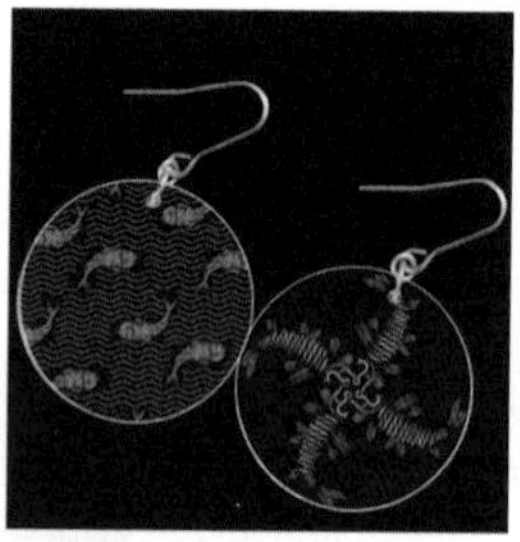

成品展示

（对称、反转）

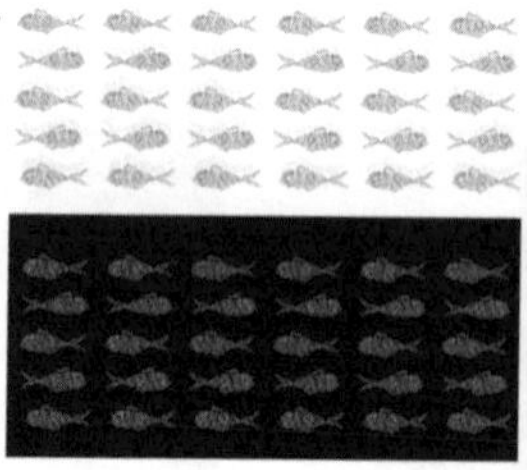

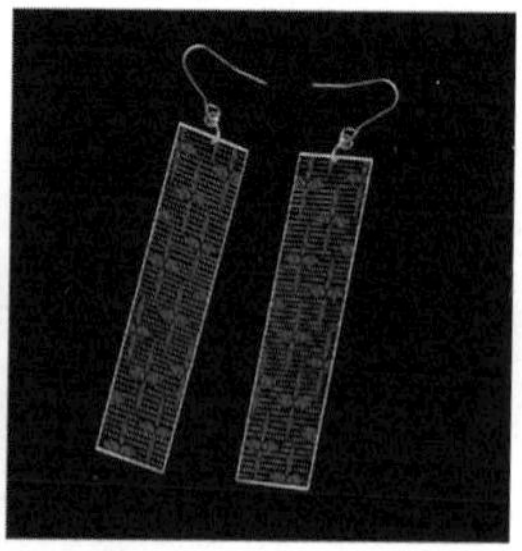

成品展示

二、“长青树”系列文创设计

（作者：叶以琛；指导老师：兰芳）

三角形树冠

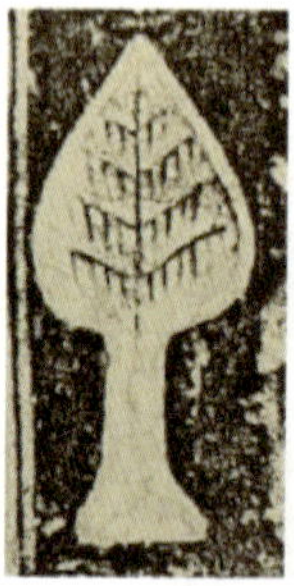

三角形树冠衍生1

三角形树冠衍生2

梯形树冠

菱形树冠1

菱形树冠2

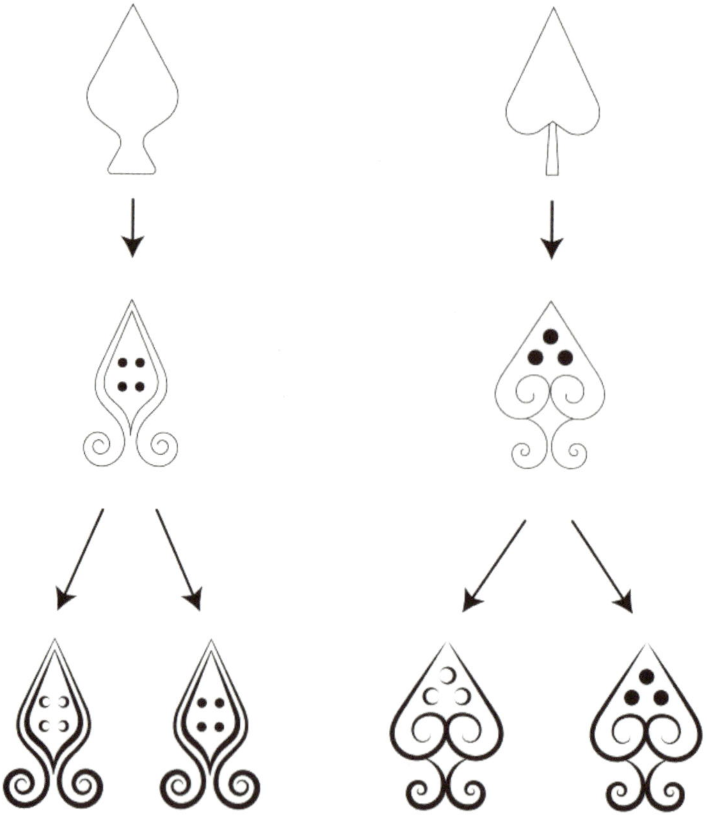

单元形	旋转、重复	翻转、旋转、重复	分割、旋转、镜像、重复

轻茶
QING TEA

轻茶
QING TEA

三、“四神”系列文创设计

（作者：徐科宇；指导老师：兰芳）

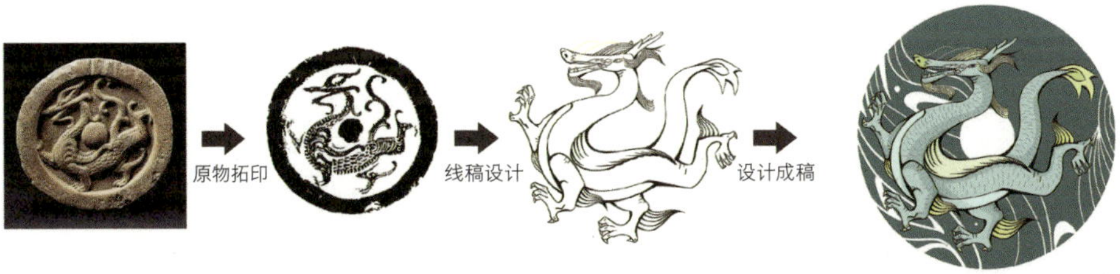

青龙

白虎

朱雀

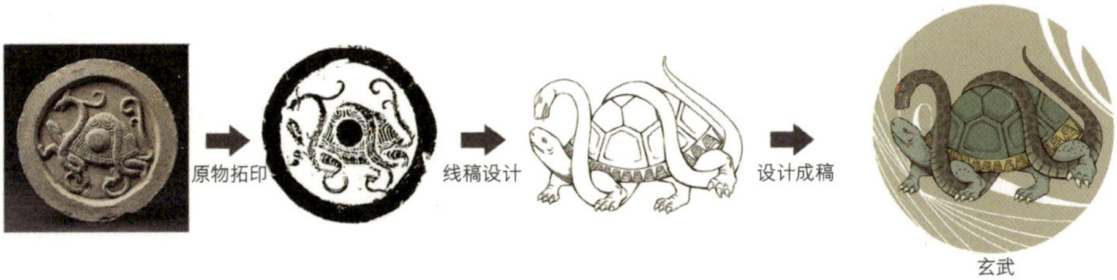

玄武

四、“玉龙”系列文创设计

（作者：徐科宇；指导老师：兰芳）

线稿设计

成稿设计

产品应用

五、“乐舞”系列文创设计

（作者：徐科宇；指导老师：兰芳）

提线稿

画草图

长袖舞女玉牌

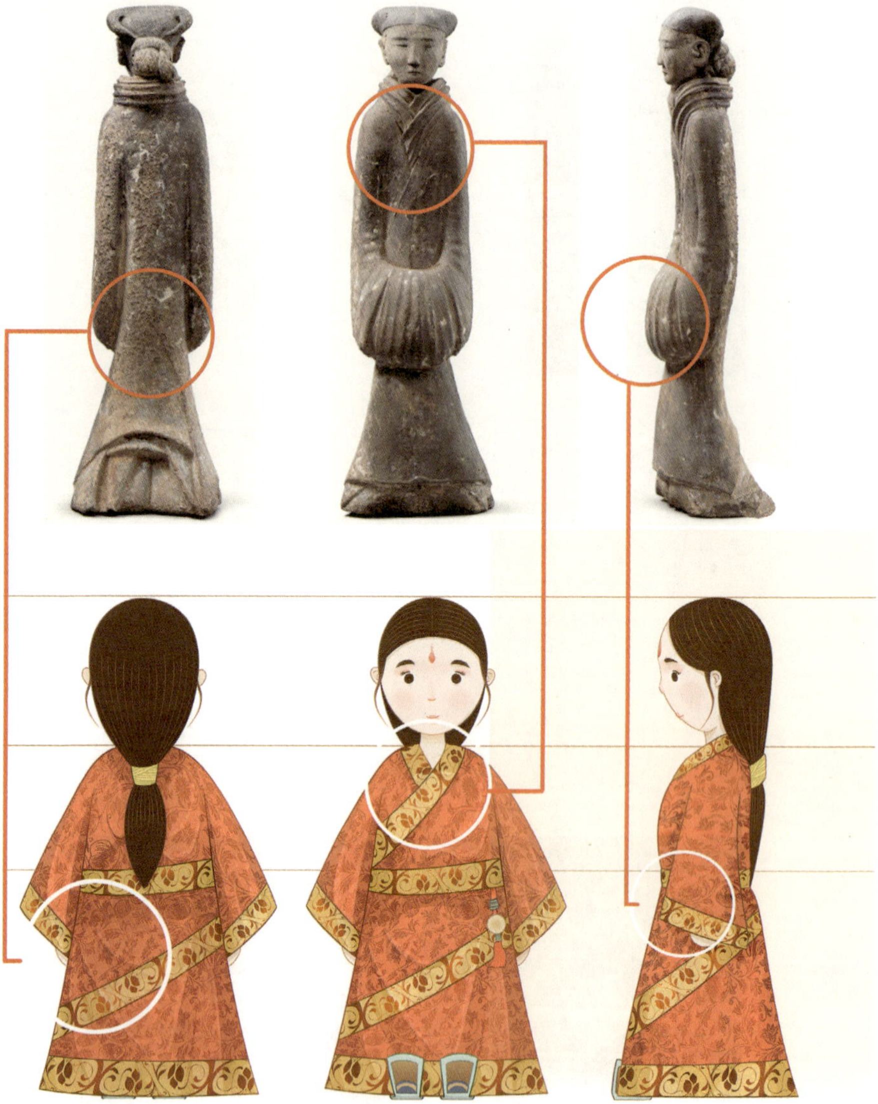

这块儿，叫徐州！

这块儿，叫徐州！

COME
这块，就是徐州
好吃的
好玩的
好看的

这块儿，叫徐州！
这块儿，叫徐州！

六、“乐舞”系列文创设计

（作者：刘露；指导老师：兰芳）

1. 原型图　2. 提取图像　3. 比例调整　4. 动态调整　5. 风格转换　6. 细节描绘　7. 填充颜色

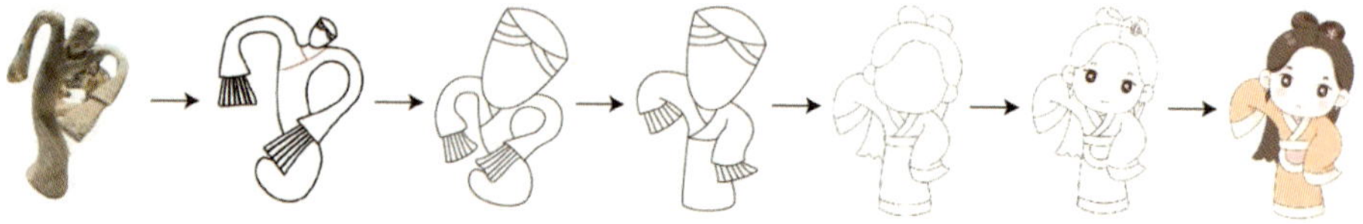

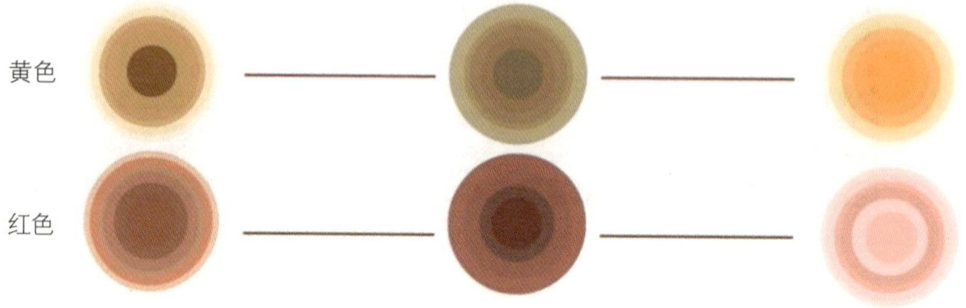

徐州博物馆
XUZHOU MUSEUM

七、“白虎”系列文创设计

（作者：鞠奕宁；指导老师：兰芳）

八、“宴饮”系列文创展示

（作者：袁立、陆海天、娄盼盼、王珠珠、徐科宇、项子豪、张潇潇；指导老师：兰芳、宋子扬、孙亚军）

溫故·知新

结 语

新的设计修辞、设计媒介、设计语境的转换构筑了汉画像艺术的一个新的审美的日常。一种新的"视觉文化"已经崛起，视觉愉悦和快感体验成为我们日常生活的重要因素。[1]

古老的艺术从"神圣"走向"世俗"，媒介技术的变革彻底改变了艺术表征的语言、观念与运行机制，继而改变了它的社会功能及文化意义。[2]这并不意味着艺术的社会功能及文化意义的消失，它通过另一种媒介，继续发挥着文化宣教的作用。

英国设计师迪耶·萨迪奇指出："设计一直都和塑造或美化日常事物相关，提醒我们实用之外的世界。它和物品的情感特质密切相关。"[3]用现代艺术设计的修辞法寻找汉画像中的文化记忆，符合现代人们日常审美的特征。中国当代文化的发展，需要从不断回溯民族起源的神话中汲取力量，增强对传统审美意象的解读，进而应用于现代日常审美之中。

注释

1 参见周宪《日常生活的“美学化”——文化“视觉转向”的一种解读》,《哲学研究》2001年第10期。

2 参见周计武《艺术的祛魅与艺术理论的重构》,北京大学出版社2019年版,第37页。

3 [英]迪耶·萨迪奇:《设计的语言》,庄靖译,广西师范大学出版社2015年版,第179页。

图　录

图3-2　安徽淮北濉溪古城汉墓出土瑞兽画像石（局部），引自淮北市文化旅游体育委员会编《淮北市汉代画像石图录》，黄山书社2016年版，第130页

图3-3　四川成都出土“此羊吉”画像砖，引自高文主编《中国巴蜀新发现汉代画像砖》，四川美术出版社2016年版，第144页

图3-4　安徽淮北南山汉文化博物馆藏“羽人·天马·轺车”画像石，引自淮北市文化旅游体育委员会编《淮北市汉代画像石图录》，黄山书社2016年版，第179页

图3-5　山东博物馆藏故太守祠堂后壁画像，引自陈履生主编《中国汉画》，广西美术出版社2018年版，第163页

图3-6　河南南阳出土人物画像砖，引自吴山编著《中国纹样全集》（战国·秦·汉卷），山东美术出版社2010年版，第167页

图3-7　江苏徐州睢宁九女墩汉墓出土“羽人九华灯”画像石，引自徐州汉画像石艺术馆编著《徐州汉画像石》，江苏凤凰美术出版社2019年版，第226页

图3-8　江苏徐州汉画像石艺术馆藏“炎帝升仙”画像石，引自徐州汉画像石艺术馆编著《徐州汉画像石》，江苏凤凰美术出版社2019年版，第4页

图3-9　河南博物院藏羽人画像石，引自陈履生主编《中国汉画》，广西美术出版社2018年版，第503页

图3-10　安徽宿州出土莲池画像石，引自顾森主编《中国汉画像拓片精品集》，西北大学出版社2007年版，第166页

图3-11　汉代漆绘陶钫及顶盖的莲纹，引自湖南省博物馆编《长沙马王堆汉墓陈列》，中华书局2017年版，第159页

图3-12　山东沂南北寨汉画像石墓后室东间莲花藻井，引自南京博物院、山东省文物管理处编《沂南古画像石墓发掘报告》，文化部文物管理局，1956年

图3-13　安徽淮北博物馆藏长青树画像石，引自淮北市文化旅游体育委员会编《淮北市汉代画像石图录》，黄山书社2016年版，第46页

图3-14　河南许昌博物馆藏长青树画像石，引自陈履生主编《中国汉画》，广西美术出版社2018年版，第109页

图3-15　河南许昌博物馆藏长青树画像砖，引自陈履生主编《中国汉画》，广西美术出版社2018年版，第115页

图3-16　山东画像石单树连理画像，引自《中国画像石全集》（1），山东美术出版社2000年版，第44页

图3-17　山东微山出土画像石双树连理画像，引自《中国画像石全集》（2），山东美术出版社2000年版，第33页

图3-18　山东嘉祥武梁祠木连理，引自张道一《吉祥文化论》，重庆大学出版社

图3-36　广东西汉南越王博物馆藏螭龙纹玉环，引自古方主编《中国古玉器图典》，文物出版社2007年版，第235页

图3-37　安徽滁州天长市博物馆藏龙形玉环，引自古方主编《中国古玉器图典》，文物出版社2007年版，第235页

图3-38　江苏徐州博物馆藏龙凤貘纹玉环，引自徐州博物馆编《古彭遗珍：徐州博物馆馆藏文物精选》，国家图书馆出版社2011年版，第168页

图3-39　河南南阳杨官寺出土汉代陶仓盖图像，引自吴山编著《中国纹样全集》（战国·秦·汉卷），山东美术出版社2010年版，第362页

图3-40　河南博物院藏彩绘陶壶及局部白虎画像，引自方李莉《中国陶瓷史》，齐鲁书社2013年版，第162页

图3-41　西汉早期青龙瓦当，引自中国国家博物馆编《中国国家博物馆馆藏文物研究丛书》（瓦当卷），上海古籍出版社2019年版，第148页

图3-42　西汉晚期青龙瓦当，引自中国国家博物馆编《中国国家博物馆馆藏文物研究丛书》（瓦当卷），上海古籍出版社2019年版，第151页

图3-43　汉代云纹瓦当，引自中国国家博物馆编《中国国家博物馆馆藏文物研究丛书》（瓦当卷），上海古籍出版社2019年版，第136页

图3-44　陕西汉阳陵博物馆藏"长乐未央"瓦当，引自中国国家博物馆编《中国国家博物馆馆藏文物研究丛书》（瓦当卷），上海古籍出版社2019年版，第180页

图4-1　江苏徐州汉画像石艺术馆藏"胡人击钹、杂技"画像，引自武利华《徐州汉画像石通论》，文化艺术出版社2017年版，第255页

图4-2　河南辉县出土铜器纹饰，引自吴山编著《中国纹样全集》（战国·秦·汉卷），山东美术出版社2010年版，第47页

图4-3　山东临沂市博物馆藏"庖厨图"，引自陈履生主编《中国汉画》，广西美术出版社2018年版，第203页

图4-4　河南南阳市文物考古研究所藏"牛·虎·双阙·蟾蜍"画像砖，引自陈履生主编《中国汉画》，广西美术出版社2018年版，第88页

图4-5　山东滕州汉画像石馆藏西王母、东王公画像石，引自李慧主编《汉人之魂——中国滕州汉画像石》，美国威廉帕特森大学中国艺术中心，2017年，第110页

图4-6　汉代变形龙纹漆耳杯，引自吴山编著《中国纹样全集》（战国·秦·汉卷），山东美术出版社2010年版，第294页

图4-7　湖南长沙马王堆汉墓陈列"轪侯家"云龙纹漆平盘纹，引自湖南省博物馆